miniguide de la BOURSE

Gilles CAYE

Editions ESKA

mini guide de la BOURSE

Sommaire

mini guide de la BOURSE

Préface

Ce mini-guide a été conçu comme un outil répondant à deux fonctions essentielles :

– permettre à chacun de se situer au mieux par rapport au sujet grâce des présentations illustrées les plus larges possibles tant en matière géographique qu'historique ;

– présenter les principales méthodes, analyses et données pour pouvoir investir en Bourse de façon pratique.

Il constitue ainsi une base de référence très synthétique apte à satisfaire n'importe quel public, dans la recherche d'éléments historiques, géographiques ou techniques complets et larges.

Il représente par ailleurs une introduction à l'investissement en Bourse pour tout public par l'évocation des grands principes, des notions essentielles, de la réglementation et des techniques actuelles.

L'ouvrage s'articule autour de 5 parties :

- Les grands repères
- Comment investir ?
- Comment varient les marchés actions ?
- Comment choisir une action ?
- La Bourse en pratique

Chaque sujet est abordé de manière très directe par des tableaux et graphiques à lecture rapide ou bien par un condensé synthétique, qu'il s'agisse de découvrir les ratios boursiers, l'évolution du CAC 40 depuis la guerre ou encore les différents types d'ordres de Bourse.

Nous espérons ainsi contribuer à ouvrir largement et simplement ces sujets au plus grand nombre pour en faciliter la compréhension tout en aidant très concrètement celles et ceux qui achètent ou achèterons des actions.

Repères

Historique et origines
Principales Bourses
L'indice monde : MSCI
Dow jones
Nasdaq
CAC 40
Les meilleurs placements
Les Français et la Bourse

Historique/origines

D'hier

Des fondements très profonds liés aux échanges, au commerce, à la création de richesses et à la réalisation de projets.

Antiquité

- Entre Tigre et Euphrate : invention de la banque
- Les Grecs pratiquent le change, les prêts et les dépôts
- Rome : 1re société de capitaux modernes

Moyen Âge

- Reprise des principes ci-avant par Venise (11e), Gênes (12e) puis Florence avec l'apparition en 1408 des « compagnies » dont la responsabilité est limitée aux capitaux apportés comme dans les SA modernes
- Création par les Italiens de la 1re Bourse à ANVERS (du nom d'un bourgeois de Bruges : M. Van den BURSE). L'institution date de 1460, le bâtiment de 1531 et la 1re cote (listing des cours) de 1592

1600

- Avènement des Bourses de Londres et Amsterdam

En France

- **1250** : 1re société moderne à Toulouse
- **1540** : création de la Bourse de Lyon

- **1724** : création de la Bourse de Paris
- **1801** : Officialisation des structures sous le 1er Empire
- **1827** : Installation au Palais-Brongniart de la Bourse de Paris

… à aujourd'hui

Un développement récent rapide et planétaire

- À partir des années 1980 : réhabilitation des marchés dans le financement de l'économie partout dans le monde
- **3.11.1984** : dématérialisation à Paris des actions-papier et enregistrement sous un code informatique de chaque valeur
- **1986** : fin de la « criée » à Paris. Les cours sont cotés en continu via un ordinateur centralisateur
- **22.12.2000** : fusion des Bourses de Paris, Amsterdam et Bruxelles (puis Lisbonne) sous l'appellation EURONEXT
- **2006** : plus d'un million d'écrans dans le monde entier délivrent en temps réel les cours des principales places internationales y compris chez de plus en plus de particuliers

Une démocratisation en accéléré s'est faite ces dernières années grâce aux journaux puis à Internet et à l'élévation du niveau de vie : le capitalisme populaire des années 1920 aux États-Unis s'est transmis à la majeure partie des pays de l'OCDE avec plusieurs dizaines de millions d'actionnaires individuels aux États-Unis et en Europe (plus de 7 millions en France en 2006 grâce notamment aux privatisations de 1981, 1985 et de 1996 jusqu'à EDF fin 2005). Ce mouvement gagne le monde entier : la Chine a vu le nombre de sociétés cotées multiplié par plus de 120 ces 15 dernières années.

Principales Bourses

Les capitaux échangés à Paris-Euronext quotidiennement oscillent entre 2 et 6 milliards d'Euros. Ils dépassent les 1 000 Mds $ sur le NYSE, Bourse de New York, chaque mois.

Définition

La capitalisation correspond au nombre d'actions X le cours. Il donne la valeur de la société en Bourse.

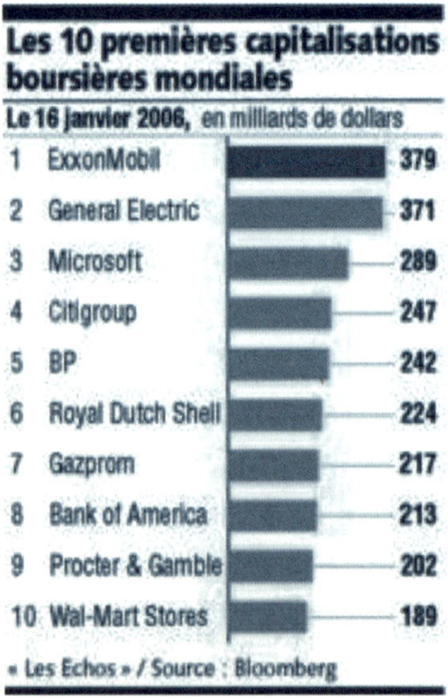

New York NYSE
NASDAQ
Tokyo
Londres
Euronext

Source : FIBV (janvier 2006)

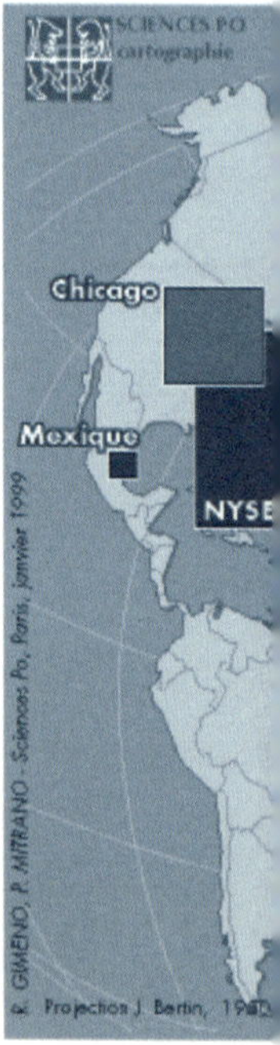

Capitalisation totale en milliards de dollars	Nombre de sociétés cotées	Valeur échangée/mois (Mds usd)
13 883	2 267	1387
3 783	3 151	1107
4 802	2 353	584
3 192	3 083	600
2 896	1 259	282

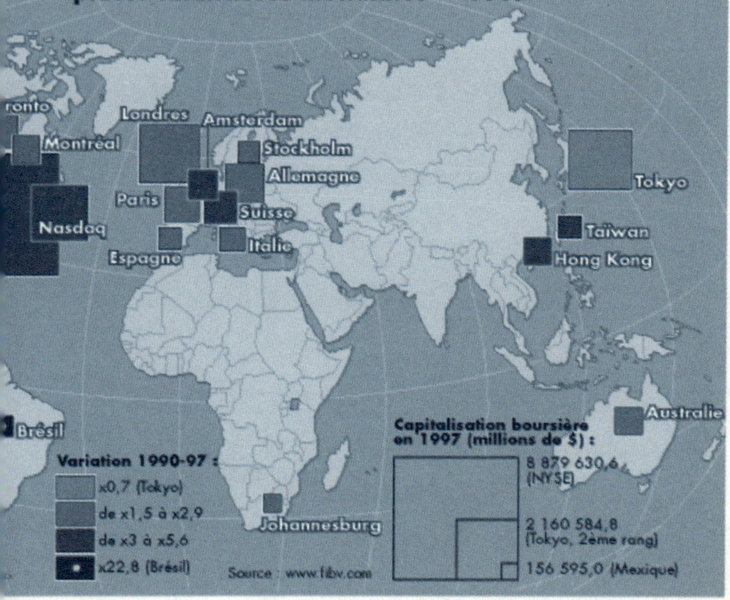

.a capitalisation boursière dans les 20 premières places financières mondiales — 1997

L'indice monde : MSCI

L'indice MSCI world depuis sa création jusqu'en septembre 2003 : la référence en matière d'indice mondial.

L'astuce du mini-guide

Idéal pour comparer un portefeuille actions géographiquement diversifiée et sur 3 ans mini. Bref quand vous faites le « grand point » sur vos placements actions.

Le MSCI regroupe 23 places financières mondiales et 1555 valeurs pour une capitalisation totale de 15 000 milliards de dollars. Les États-Unis avec 460 sociétés et 53 % de la capitalisation dominent largement. La France est représentée par 60 sociétés dont la valeur représente 3,9 %, Total étant la première.

Microsoft et General Electric représentent à eux seuls la capitalisation de la France reprise dans cet indice.

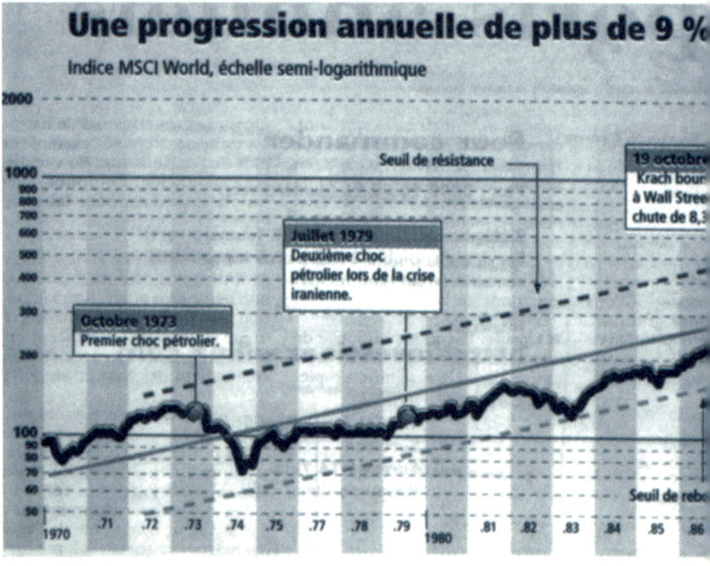

L'évolution récente

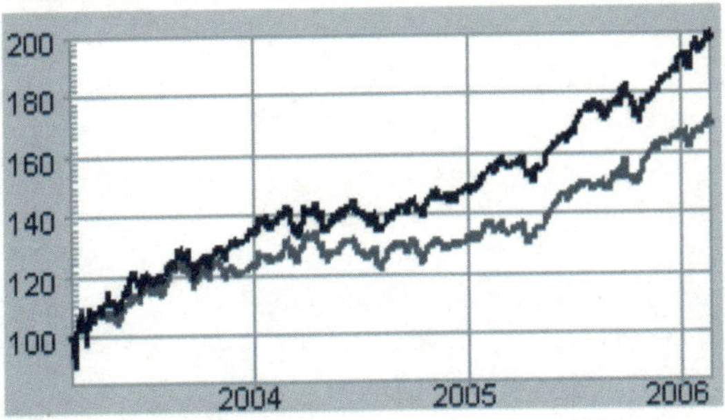

En haut MSCI France ; en bas : MSCI World Index (Source : morningstar.fr)

Les valeurs les plus représentées sont les valeurs financières (300 sociétés et 23 % de la valeur), les technologies de l'information (13 %), et les biens de consommation (12 %).

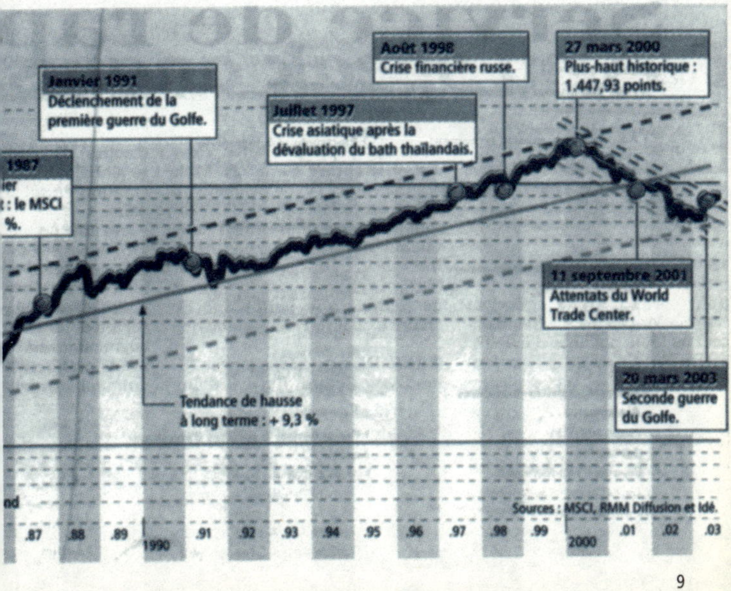

Indice Dow Jones

Indice Dow Jones (DJIA) : le plus ancien, le plus célèbre, le « roi » ou 30 valeurs comme baromètre planétaire.

L'info du mini-guide

30 valeurs ça paraît peu pour faire un indice pourtant c'est de loin le plus représentatif. Il colle comme une ombre à l'indice Standard & Poor's 500 des 500 plus grosses valeurs US.

Quelques noms : American Express, BOEING, Caterpillar, Coca-Cola, Disney, Mac Donalds, Microsoft, Dupont de Nemours…

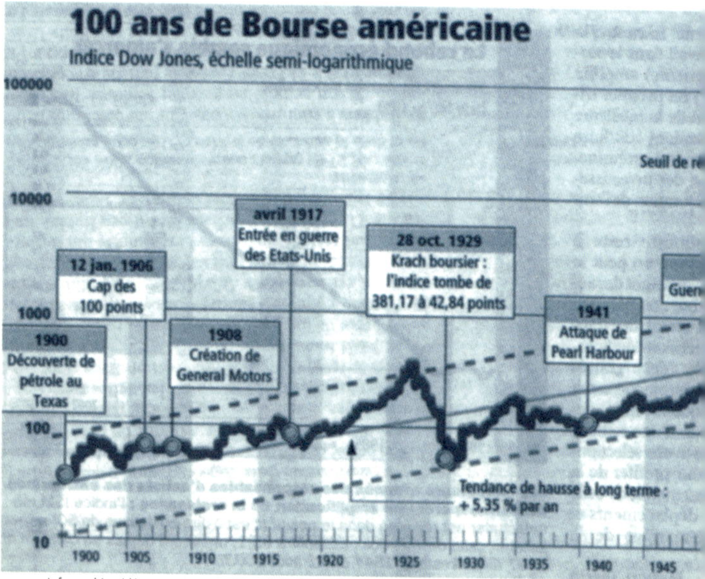

Infographie : idé

1res entrées : 1896 : General electric/ 1915 general motors, toujours présents en 2006.
Dernières entrées 1999 : Microsoft et INTEL

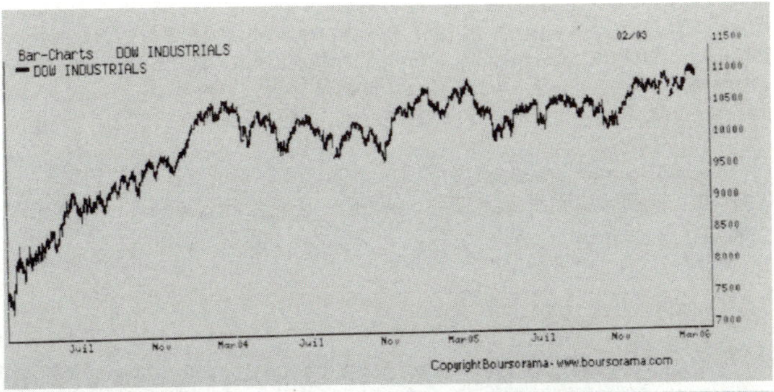

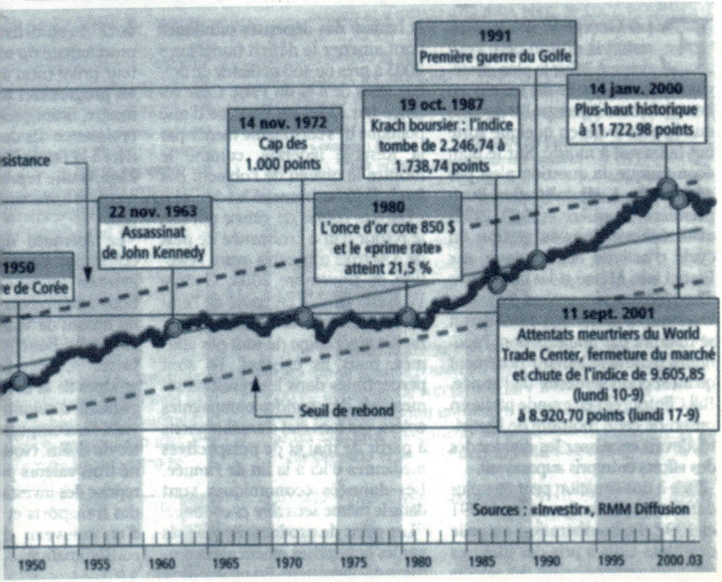

Indice Nasdaq

Le POUL des valeurs de croissance et des valeurs technologiques.

Tous les secteurs y sont représentés mais l'informatique et les télécoms dominent. Premier marché au monde par le nombre de sociétés cotées, il comprend plusieurs centaines de sociétés étrangères dont, entre autres, les françaises Business objects, Havas, Dassault systèmes. L'indice reprend l'ensemble des sociétés cotées (plus de 3000 aujourd'hui et jusqu'à 5 500 fin 1996).

Le conseil du mini-guide

Les pros préfèrent le Nasdaq 100 plus fiable reprenant les 100 plus grosses valeurs.

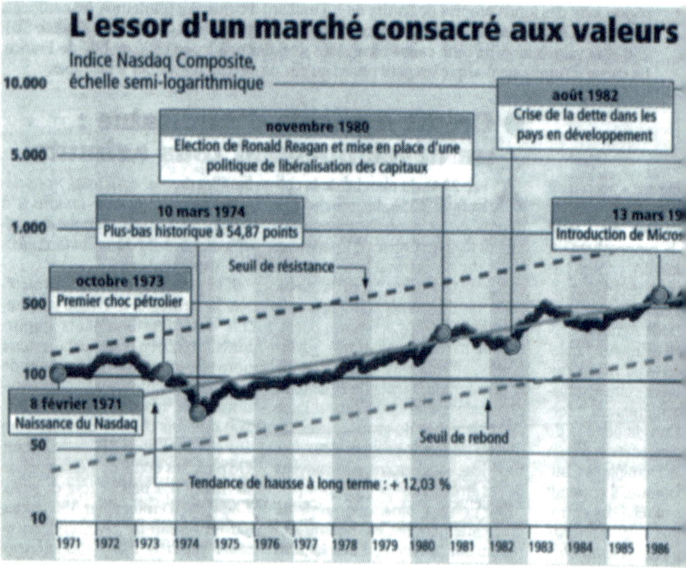

Infographie : idé pour Investir

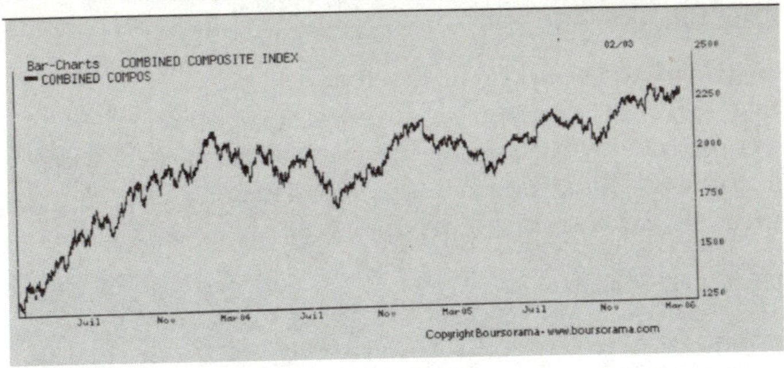
Bar-Charts COMBINED COMPOSITE INDEX
COMBINED COMPOS
02/03
2500
2250
2000
1750
1500
1250
Juil
Nov
Mar 04
Juil
Nov
Mar 05
Juil
Nov
Mar 06
Copyright Boursorama - www.boursorama.com

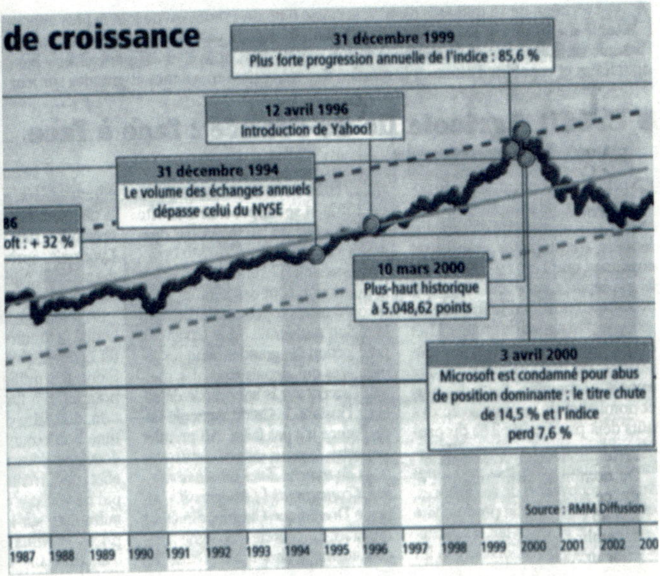
de croissance
31 décembre 1999
Plus forte progression annuelle de l'indice : 85,6 %
12 avril 1996
Introduction de Yahoo!
31 décembre 1994
Le volume des échanges annuels dépasse celui du NYSE
86
oft : + 32 %
10 mars 2000
Plus-haut historique à 5.048,62 points
3 avril 2000
Microsoft est condamné pour abus de position dominante ; le titre chute de 14,5 % et l'indice perd 7,6 %
Source : RMM Diffusion
1987
1988
1989
1990
1991
1992
1993
1994
1995
1996
1997
1998
1999
2000
2001
2002

CAC 40

Le principal thermomètre français de la Bourse

1962 : indice CAC (Compagnie des Agents de Change)

1987 : indice CAC 40 (CAC signifiant désormais Cotation Assistée en Continu)

Il représente 75 % de la capitalisation boursière à Paris.

Depuis fin 2003, la pondération des valeurs se fait en fonction du flottant.

L'astuce du mini-guide

Total représente 15 % de l'indice, le maximum autorisé, et 50 % avec les 7 autres valeurs suivantes : Sanofi-Aventis, BNP paribas, Société générale, Axa, France Telecom, Carrefour, Vivendi Universal.

Les 10 plus petites valeurs du CAC représentent un peu plus de 6 %.

Vous suivez le CAC ? : quand Total baisse de 1 %, il faut que les 10 dernières valeurs fassent toutes au minimum exactement + 2,36 % pour contrebalancer.

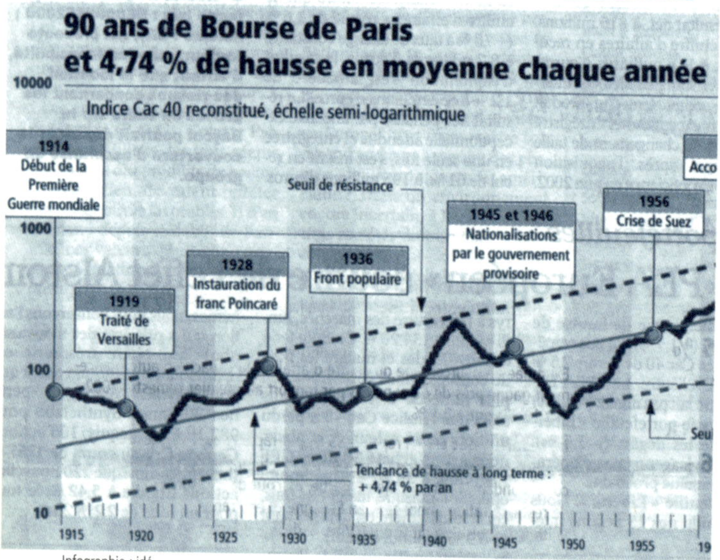

Infographie : idé

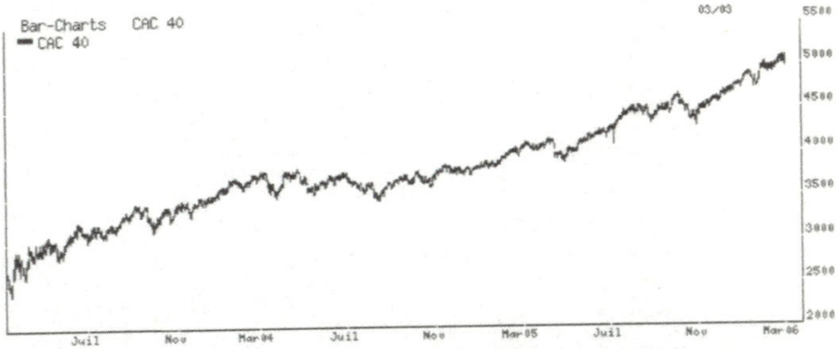

Copyright Boursorama - www.boursorama.com

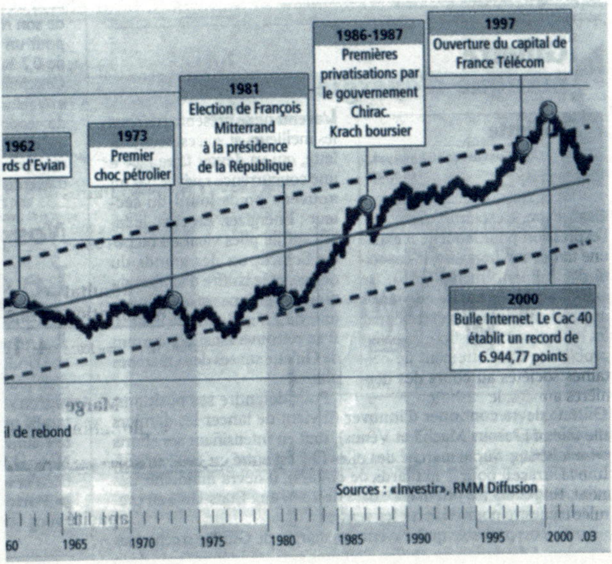

Baromètre des placements 2005

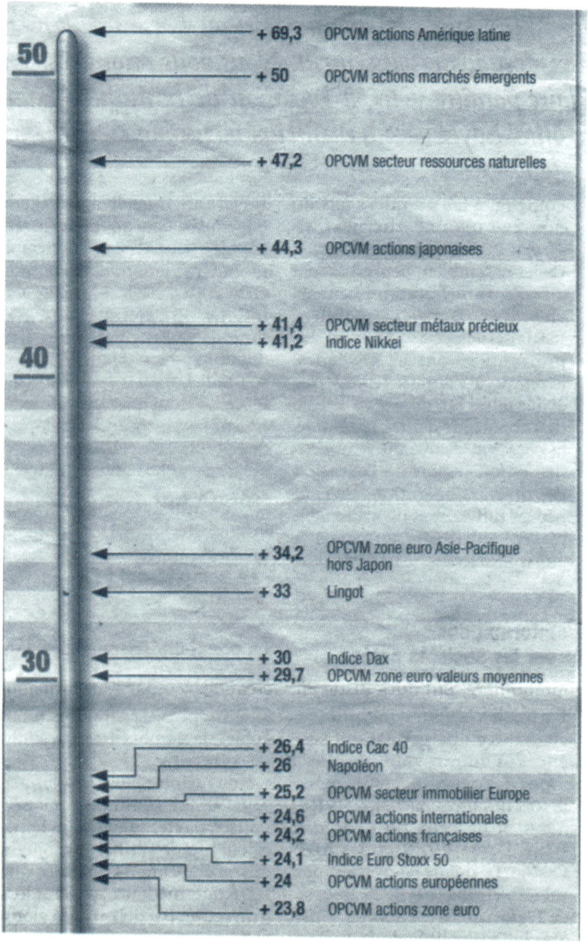

.../

.../

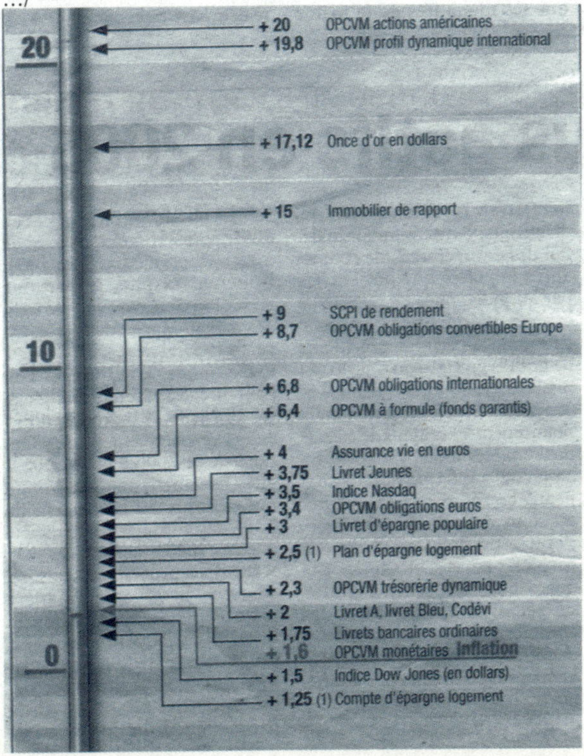

Source : idé pour Investir.

Les 10 plus belles performances (annualisées) sur 10 ans

	10 ans		5 ans
Béneteau	+ 48 %	I Maurel & Prom	+ 71,7
Maurel & Prom	+ 33,8	I Vallourec	+ 52,5
Vallourec	+ 32,7	I Camaieu	+ 47,5
Areva	+ 28,8	I bourbon	+ 41,9
Unilog	+ 28,8	I Neopost	+ 36 %
Sr téléperformance	+ 26,1	I eiffage	+ 32,5 %
Vinci	+ 24,3	I Areva	+ 28,6 %
Wendel investissement	+ 23,6 %	I Pernod Ricard	+ 27,4 %
Unibail	+23,3	I Unibail	+ 25,5
Klépierre	+ 22	I medidep	+ 24,4

• Plus fortes hausses au 04.09.06 (depuis le 01.01.06) parmi les valeurs du CAC40

– Alstom : + 56 %
– EDF : + 36 %
– Lafarge : + 35 %
– Renault : + 32 %
– Cap Gemini : + 30 %
– Suez : + 29 %

• Plus fortes baisses au 04.09.06 (depuis le 01.01.06) parmi les valeurs du CAC40

– EADS : – 28 %
– Thomson : – 27 %
– France Telecom : – 21 %

5 et 3 ans (SBF 120)

	3 ans
I Maurel & Prom	+100,9
I Vallourec	+ 100,6
I Wendel Invest	+ 64,5
I Soitec	+ 64 %
I Oberthur	+61,4 %
I Geophysique	+59 %
I euler	+ 58,8 %
I bourbon	+ 53,1 %
I steria	+ 51,6 %
I generale de santé	+49,2 %

Performances annuelles moyennes des Sicav sur cinq ans

(du 31-10-2000 au 31-10-2005, en pourcentage)

Source : la Vie financière

Les Français et la Bourse

- 2006 : 11,2 millions de porteurs de valeurs mobilières contre 9,8 en 2002 (24,7 % de la population contre 20 % en 2000).
- 6,7 millions d'actionnaires individuels de + de 15 ans soit 13,7 % de la population.

L'encours moyen des comptes s'élève à 18 260 investis à 52 % dans des OPCVM (SICAV, FCP), à 31 % en direct dans les actions et à 17 % dans les obligations. 50 % sont détenus par les retraités, 16 % par les non-cadres, 12 % par les cadres supérieurs, 8 % prof intermédiaires et 15 % autres. 4,6 % des portefeuilles sont supérieurs à 76 000 et représentent 45 % des encours. 63 % des encours sont détenus par 11 % des comptes-titres. Les portefeuilles inférieurs à 7 600 représentent 60 % de l'ensemble des comptes, ceux supérieurs à 152 000 1,5 % du total.

PEA : 7 millions, 6,2 en 2002. Investis à 62 % en OPCVM et à 38 % en actions en direct (tous ces chiffres hors EDF, GDF).

La perception de la Bourse en 2003 (au plus bas de la Bourse), sondage *Figaro Économie* :

- À la question quels investissements réaliseriez-vous avec 15 000 euros ? 42 % étaient prêts à acheter des actions et 52 % avec 150 000 euros.
- Pour 80 % des épargnants la loi de sécurité financière de juillet 2003 visant à améliorer les règles de contrôle de la gestion et des comptes des sociétés est de nature à renforcer leur confiance dans les marchés financiers même si 64 % pensent qu'il faut aller au-delà.

Investir dans un club d'investissement

- 18 000 clubs
- 250 000 adhérents pour une cotisation moyenne mensuelle de 63
- 1 sur 3 créé depuis 2000
- 50 % sont âgés de plus de 55 ans
- Portefeuille moyen : 30 000
- Moyenne d'un ordre : 1 900

Le poids des actifs financiers

Royaume Uni	76 000 euros par habitant en moyenne
Allemagne	53 000 euros / hab.
France	43 600 euros / hab.
Espagne	30 900 euros / hab.

L'avenir ?

56 % du grand public se disait intéressé par la privatisation d'EDF et 39 % par celle de Gaz de France (mai 2004) 120 à 150 milliards restaient à être privatisés par l'État dont 10 à 15 milliards cette année-là. 1 personne sur 10 se disait « prête à y aller » et 1 actionnaire sur 4.

Résultats en 2005/2006

4,9 millions d'actionnaires individuels pour EDF (130 000 salariés) et 3,1 millions pour GDF, après des succès marqués de l'introduction d'autoroutes SANEF, APRR, ASF etc.

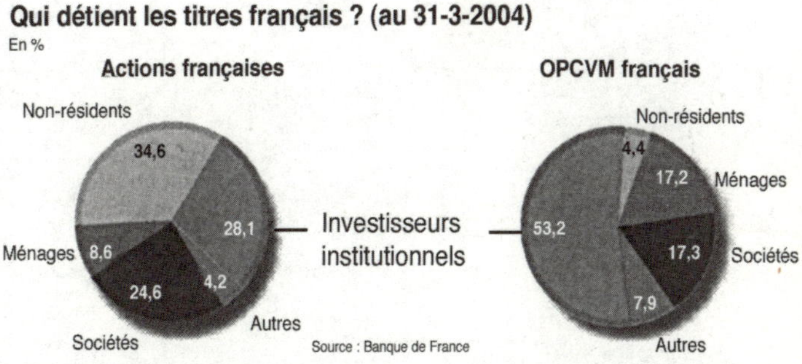

Source : idé /Investir.

Investir : principes

Les différents actifs
Le rapport Rendement/risque
Allocation d'actifs
Répartir ses placements

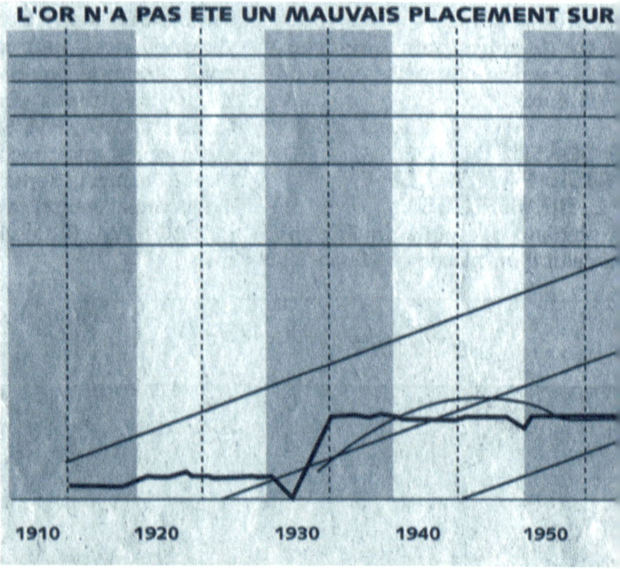

Source : Journal des Finances.

Les différents actifs

Les actifs réels

Quels que soient les placements, appellations, règles fiscales, noms commerciaux ou produits d'épargne tous reposent dans 99 % des cas sur les 5 actifs suivants. Ils répondent à des critères propres et bien sûr toujours au rapport offre/demande.

• L'or

Le métal précieux a perdu son rôle initial de monnaie mais reste la valeur par excellence pour beaucoup. Il cote en dollar. En cas de crise grave ou de poussées d'inflation, son rôle protecteur est resté intact. Achat en direct (pièces et lingot), via des actions de mines d'or ou des sicav Or.

La progression lente initiée depuis 2000, 2001 de l'once d'or s'est accélérée en 2005 avec un napoléon à 80 et le lingot cotant 13 850. L'once d'or cotait 611 $ le 6.9.06.

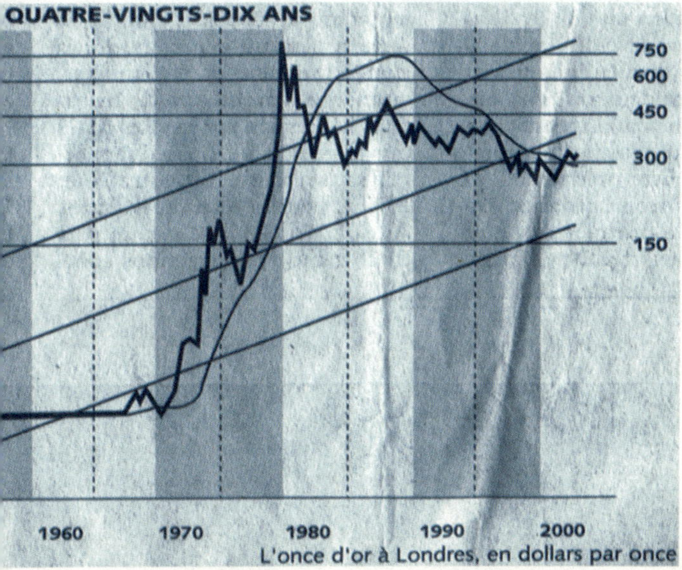

Source : idé/Investir.

• **Le marché immobilier**

Outre la résidence principale, l'acquisition de logements permet de percevoir des loyers et d'espérer engranger des plus-values. Achat en direct, via des SCPI (pierre-papier) ou via des foncières cotées en Bourse.

Les actifs financiers

• **Le marché MONÉTAIRE**

Marché des liquidités à court terme (durées inférieures à 2 ans) entre banques, états, sociétés et particuliers. Principe : le versement d'intérêts connus d'avance contre la mise à disposition d'une somme pendant une période donnée. Il présente un risque quasi nul. CEL, PEL, assurance-vie en euros et autres placements sans risques reposent sur ce marché sans compter les sicav monétaires (ou dite de « trésorerie »).

• **Le marché OBLIGATAIRE**

Une obligation est un titre représentant une dette émise par un état ou une société pour une durée allant de 2 à 10 ans (voire plus), remboursable au terme en général avec versement d'intérêt annuel. Exemple : OAT (Obligation assimilable du Trésor) à 4,85 % échéance 2014. La cotation se fait sur une base 100, si les taux baissent l'obligation va augmenter, si les taux augmentent, elle baisse. Le risque est donc supérieur au marché monétaire de par la durée sauf à la garder jusqu'à la fin (on récupère donc 100), l'évolution des taux et du risque sur l'emprunteur. Sauf à les garder jusqu'à l'échéance, acheter plutôt des sicav, le marché est difficilement accessible pour un particulier en direct bien qu'ouvert depuis peu de façon plus large.

• **Les actions**

Elles représentent des titres de propriété d'une entreprise, d'une société industrielle ou commerciale. En détenir équivaut donc à en être propriétaire associé, à pouvoir en obtenir des revenus – les dividendes – et à voter aux assemblées. Achat via des fonds (sicav ou Fcp) ou en direct.

Source : idé/Investir.

Le rapport rendement/risque

1er principe immuable : plus le risque augmente, plus la rémunération attendue doit être élevée pour l'investisseur.

2e principe : plus la durée est longue, plus le risque est élevé, plus la rémunération attendue est importante.

3e principe : à risque équivalent, le premier but de l'investisseur est de maintenir au minimum son capital + l'inflation.

L'avertissement du mini-guide

Les performances passées ne préjugent pas de celles à venir. Attention aux extrapolations hâtives.

Les horizons de Placement :

– à CT < 2 ans : privilégier les placements liquides (monétaire).

– à MT : 2 à 5 ans : monétaire, obligataires + actions.

– à LT > 5ans : une part actions à ne pas négliger.

		1 an	5 ans
Actions / moy perf		8,6	7,3
	Variations %	21,5	9,3
	probabilité de réaliser 1 gain %	65,3	77,8
Obligations	idem	4,9	4,7
	idem	6,1	3,7
	idem	77,6	88,9

Source : INSEE.

TAUX ANNUEL DE RENTABILTÉ ATTENDU

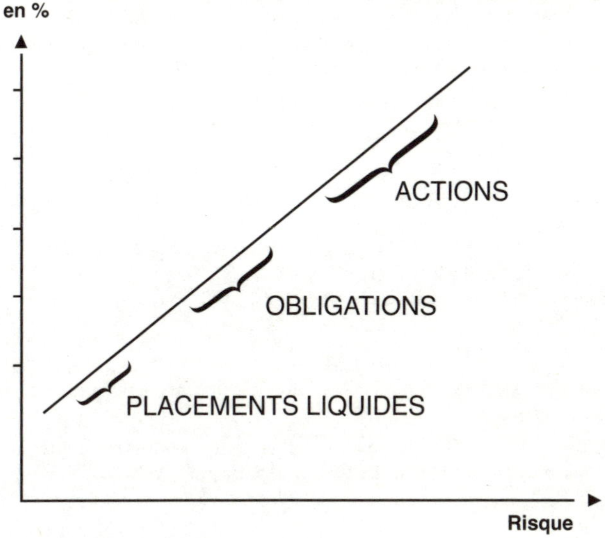

Source : Euronext.

10 ans	30 ans
6,2	5,5
6,5	1,7
75	100
4,7	4,4
3,4	1,2
100	100

L'allocation d'actifs : pour déterminer la part des actions

Avant tout investissement dans les actifs financiers, il convient de réfléchir à son tempérament, ses objectifs, ses envies, ses moyens, la durée dont on dispose afin de déterminer la part à allouer aux différentes formes de placements. Aidez-vous avec les profils type ci-joints.

Rappel

Une action valant 100 qui gagne 45 % et qui en reperd 33 % n'en vaut plus finalement que 97,15.

- Si elle perd 25 % elle doit en regagner 33 %, pour valoir à nouveau 100.
- Si elle perd 33 %, elle doit en regagner 50 %.
- Si elle perd 50 %, elle doit en regagner 100 %, soit doubler.

Attention à cette attractivité vers le bas ! non pas due aux actions mais à tous les placements et aux calculs simples.

Vous disposez de 15 000 euros pour un certain temps et vous êtes plutôt prudent : vous pouvez vous construire un portefeuille avec 20/30 % d'actions.

La réflexion du mini-guide

1) L'objectif de maintenir son capital paraît souvent évident ou peu ambitieux pour le novice, il est sagesse pour les plus aguerris.
2) Le temps joue avec vous quelle qu'en soit l'unité : 0,5 % sur une journée, c'est plus de 100 % annuel, 7,12 % par an font X2 sur 10 ans, 12 % font X3.
3) Cette allocation d'actifs n'est pas statique, elle doit évoluer, c'est-à-dire que lorsque vos actions représentent 40 % alors que vous vous êtes fixé 30 %, répartissez ce trop plein de 10 % vers les autres actifs et ainsi de suite.

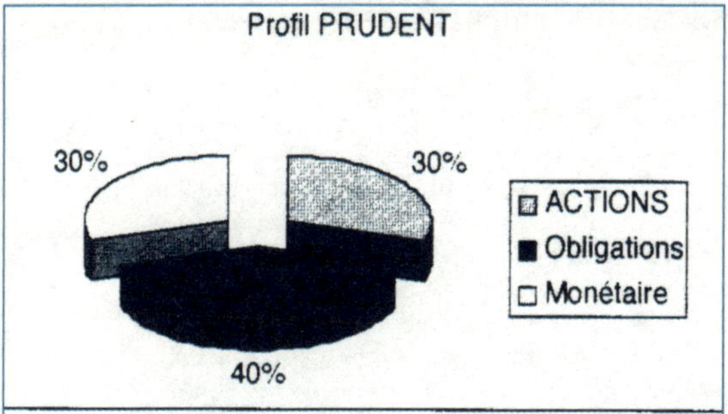
Profil PRUDENT
30%
30%
40%
ACTIONS
Obligations
Monétaire

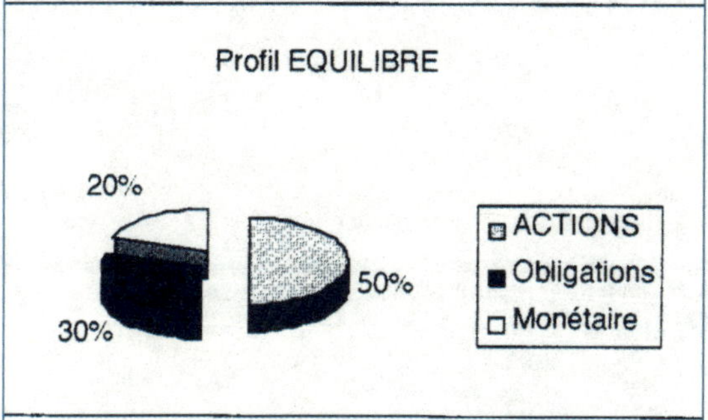
Profil EQUILIBRE
20%
50%
30%
ACTIONS
Obligations
Monétaire

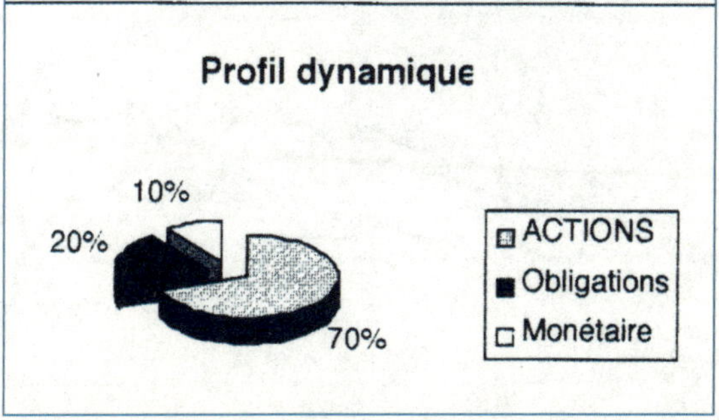
Profil dynamique
10%
20%
70%
ACTIONS
Obligations
Monétaire

Répartir ses placements

► Allocations d'acti

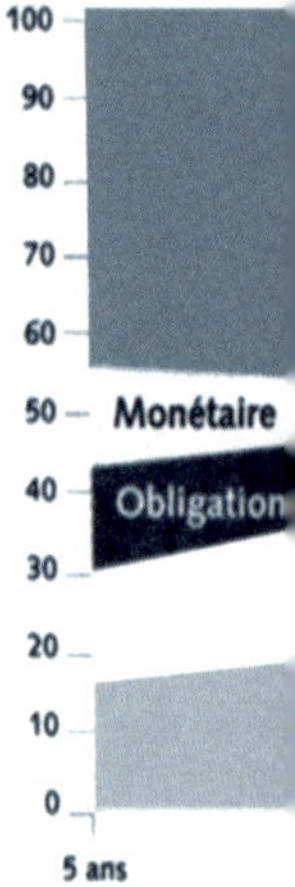

Source : Les Placement

L'avertissement du mini-guide

Ce tableau est théorique et ne doit pas remplacer l'exercice de la définition de son profil de risque personnel. Il permet d'infléchir à la marge et d'affiner éventuellement la répartition de ces placements mais en respectant et en prenant comme base exclusive la répartition que chacun s'est donnée à la base. Un portefeuille prudent sur 15 ans peut donc avoir un peu plus d'actions que le même type sur 3 ans mais certainement pas 40 % par lecture stricte du tableau.

Les placements gagnants sur longue période

► **Evolution du pouvoir d'achat des actions françaises, des onligations, du monétai et de l'immobilier résidentiel parisien en France de 1857 à 2001**

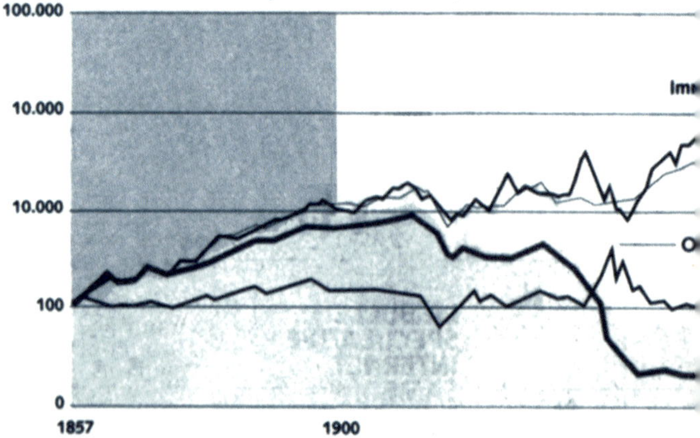

Source : Les Placements de l'épargne à long terme (JF de Laulanié, éditions Economica)

Comment placer en fonction de la durée

oriques en fonction de la durée de détention

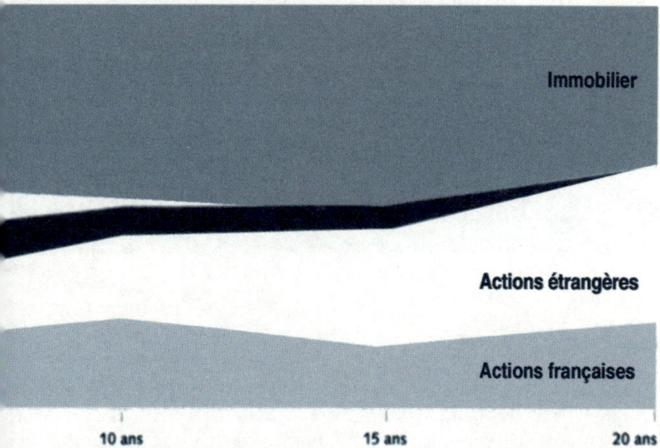

pargne à long terme (JF de Laulanié, éditions Economica)

Paru dans le JDF

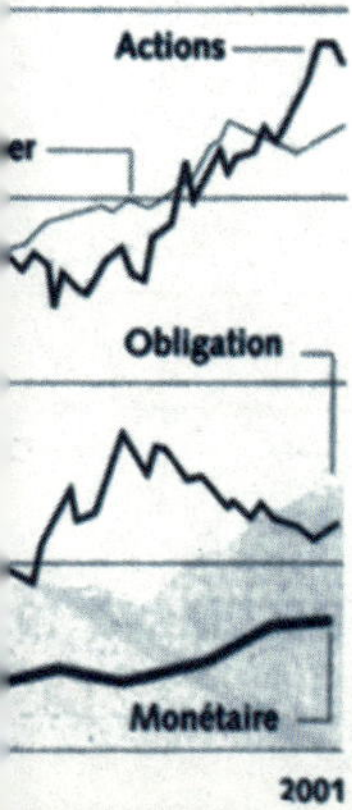

u dans le JDF

Allocation stratégique du Fonds de Réserve des retraites

	05.06	04.03
ACTIONS	60 %	55 %
Zone €	33 %	38 %
Hors zone €	27 %	17 %
OBLIGATIONS	30 %	45 %
Zone €	21 %	38 %
Hors zone €	9 %	7 %
Divers (capital, investissement, immobilier, matières 1res)	10 %	0 %

Marché actions : principes

Croissance et profits
Taux et indicateurs
Prime de risque
Environnement

Croissance et Profits

La donnée N° 1 dans l'évolution des cours de Bourse est la croissance et les profits que les sociétés cotées vont pouvoir en retirer en terme d'augmentation. La Bourse juge les profits passés au moment de la sortie des résultats de la croissance du PIB et des résultats trimestriels ou annuels des sociétés mais avant tout ce sont les anticipations sur la croissance et les profits futurs qui sont le moteur de son évolution. Le graphe ci-contre montre très bien l'inflexion en cours en mars 2003 au moment même de l'invasion de l'Irak qui représente le point bas des marchés actions suite à l'éclatement de la « bulle internet » et de la crise financière consécutive.

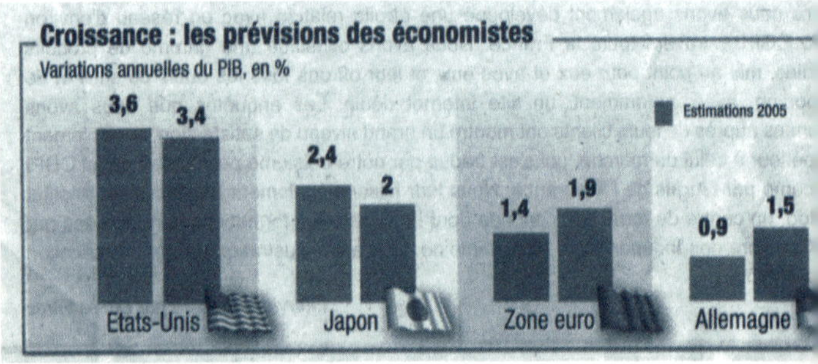

Infographie : Idé/Investir.

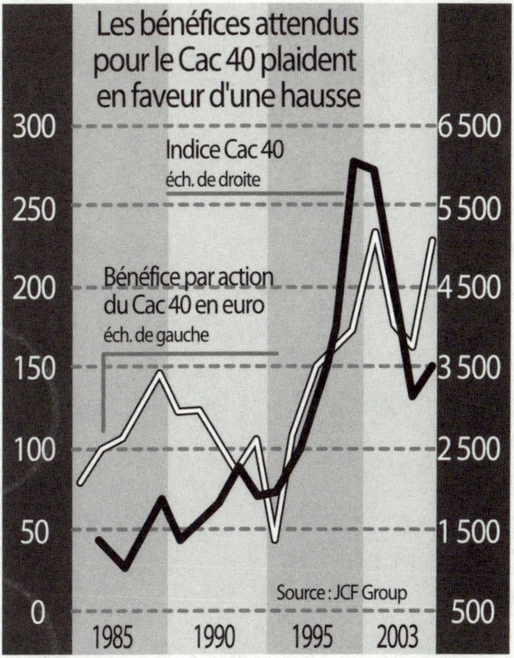

Source : Idé/Investir.

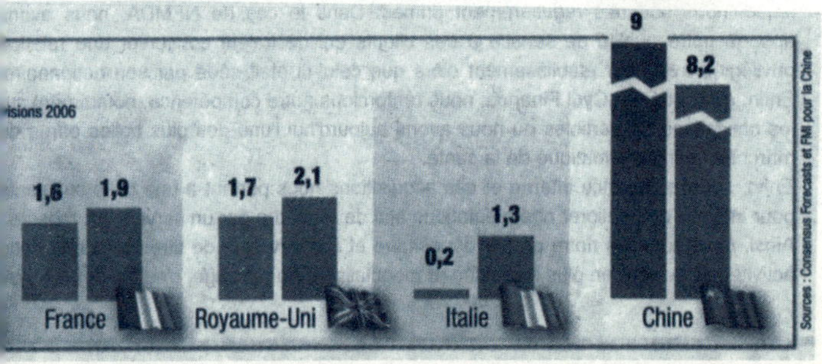

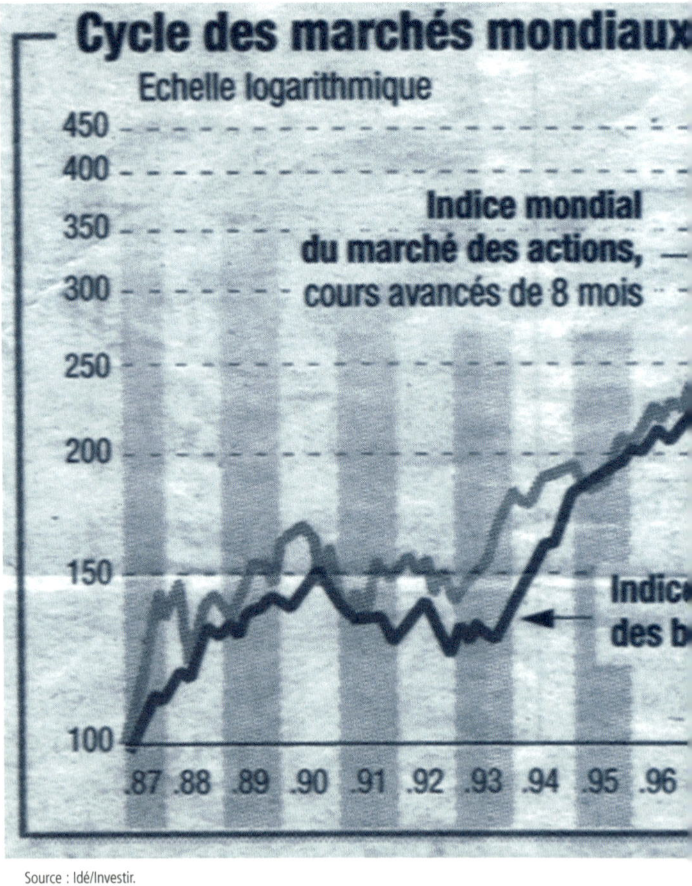

Source : Idé/Investir.

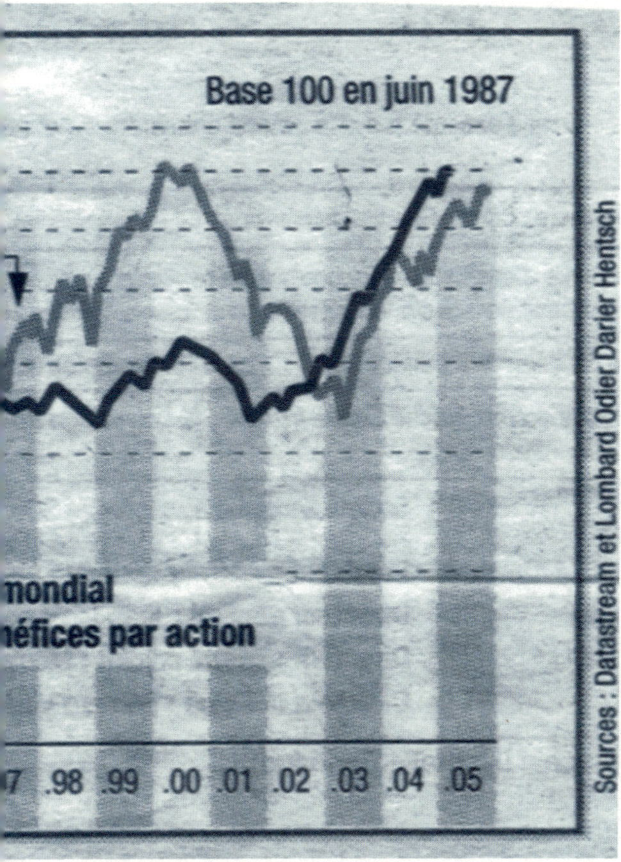
Base 100 en juin 1987
nondial
néfices par action
7 .98 .99 .00 .01 .02 .03 .04 .05
Sources : Datastream et Lombard Odier Darier Hentsch

Taux d'intérêt

L'un des éléments clefs influençant les marchés actions sont les taux d'intérêt. En baissant les taux, une banque centrale peut réduire le coût des investissements (maisons, automobile ou machines pour les sociétés) et soutenir la croissance. Il y a globalement corrélation sur longue période entre ces 2 éléments dans pratiquement tous les pays.

Ces derniers mois surtout aux États-Unis, le relèvement des taux d'intérêt s'accentue de façon à ne pas laisser l'activité économique et l'inflation s'emballer.

Les indicateurs qui font évoluer les actions aux États-Unis :

- Indices ISM des directeurs d'achat
- PIB
- Ventes logements
- Emploi

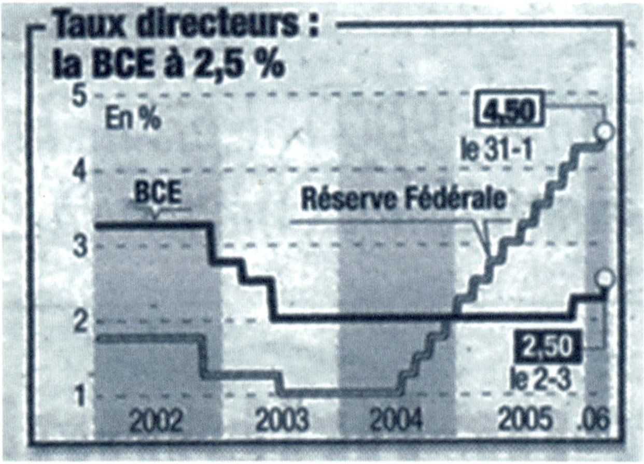

Source : Idé/Investir.

En France : les indices INSEE sur la croissance, climat des affaires et dirigeants, l'emploi, consommation des ménages.

En Allemagne : indices IFO et ZEW.

Les taux évoluent principalement en fonction à court terme des déclarations et décisions de la Réserve Fédérale Américaine – dite FED – et de la Banque Centrale Européenne.

Les taux à long terme sont plus fonction de la croissance et de l'inflation, tout investisseur à long terme ayant pour but de se prémunir au minimum contre cette dernière.

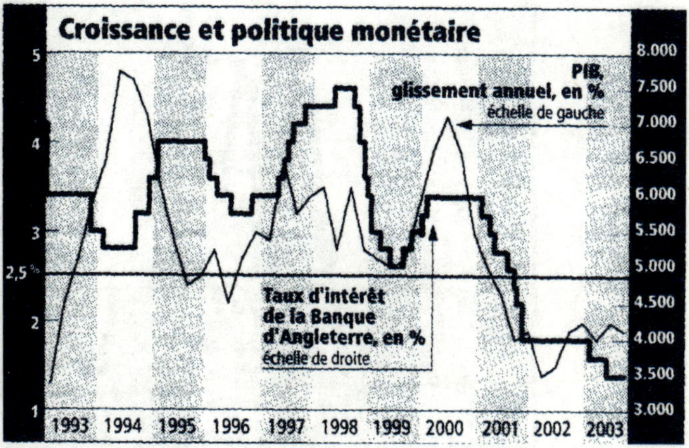

Source : Idé/Investir.

La prime de risque

La prime de risque calcule la différence de rendement anticipé entre les actions et les obligations.

On peut la calculer en prenant l'inverse des taux à long terme moins le PER du marché qui est le rapport entre le cours et le Bénéfice net par action du marché en question.

Source : Idé/Investir.

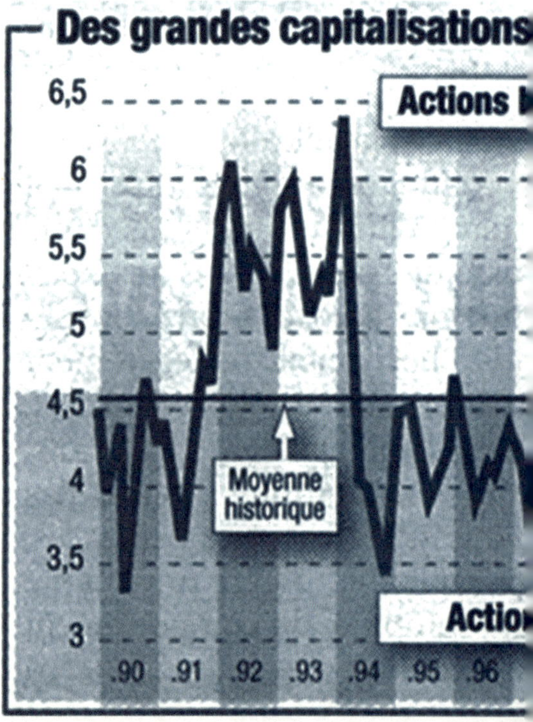

Exemple

Avec des taux à 10 ans de 4,5 % et un PER du marché de 18 on a

$$1/0{,}045 - 18 = 4{,}22$$

Pour être plus précis, il convient d'augmenter le chiffre ainsi obtenu du rendement du marché action (de 0 à 3 % en général).

À mémoriser

- En tendance, plus les taux augmentent, moins les actions sont intéressantes et inversement.
- Plus les taux augmentent, plus le PER du marché va avoir tendance à diminuer et inversement.

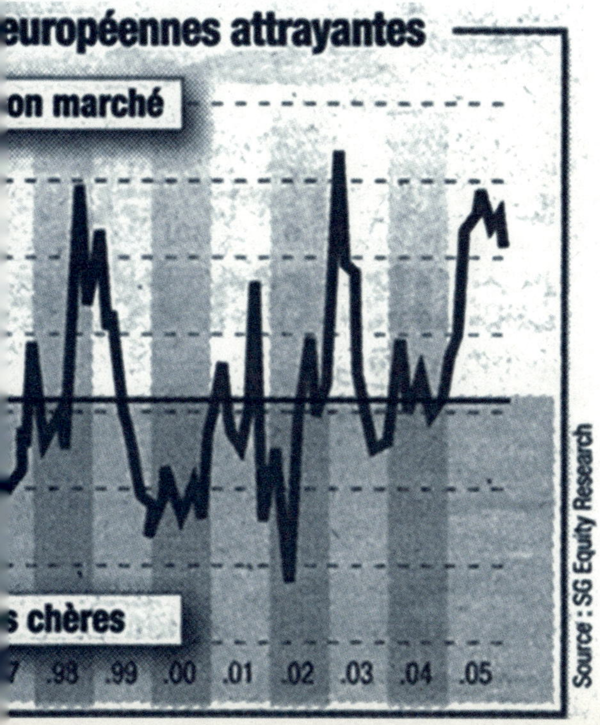

Environnement : comment et pourquoi les marchés actions varient ?

Globalement, la Bourse est fonction des éléments repris dans les pages précédentes (p. 32 à 39) mais aussi de multiples données. Sa caractéristique est de prendre en compte l'ensemble des informations quelle qu'en soit la nature :

- Politique avec le changement d'un président dans un pays, l'instabilité politique dans un autre, guerres, révolutions, élections
- Intérêt relatif par rapport aux autres placements
  - Pétrole, prix des matières premières
  - Les monnaies : hausse ou baisse du dollar, euro ou Yen
  - L'inflation
  - Fiscalité des dividendes et placements
  - Dynamisme, conditions générales et mesures en faveur de l'entreprenariat
  - La confiance dans les comptes des sociétés
  - L'information financière
  - L'Investissement des entreprises
  - La Situation budgétaire
  - La consommation des ménages
- … et bien d'autres paramètres , informations ou données

Mais l'une des données les plus fondamentales reste la géographie et la démographie :

- La géographie de la croissance
- La démographie de ces zones de croissance
- La structure de la démographie dans les zones concernées

Il ne reste donc que 8-10 ans de paradis boursier avant le méga-krach !!

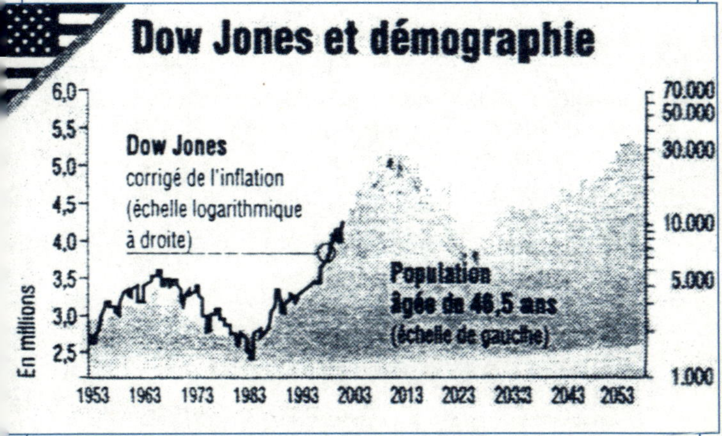

et sans oublier bien sûr… la psychologie des marchés, l'irrationnel.

Choisir une action

Principes de variations
Analyses financières
Analyse de courbes

Comment et pourquoi une action varie ?

Variation des données fondamentales, champ de l'analyse financière principalement (cf. pages suivantes, p. 44 à 53)

- Bilan annuel
- Compte de résultat annuel
- Résultats trimestriels ou semestriels
- Annonces de prévisions
- Avis des analystes
- Dirigeants (ex : départ)
- Produits
- Positionnement de la marque
- Capital (OPA possible ?)
- Les moyens d'exploitation (usines, centre de recherche)
- La concurrence
- L'activité et le secteur
- La stratégie
- L'environnement législatif, réglementaire (une amende)
- L'environnement politique

…et tout élément touchant à la structure même de la société

Proverbe : Nul n'a raison contre le marché.

Variation des données techniques, champ de l'analyse technique et graphique (cf. pages suivantes, p. 54 à 59) principalement

- Changement de psychologie sur la valeur
- Volumes en hausse, en baisse ou anormaux
- Sortie ou entrée dans un indice
- Niveau de liquidité
- Cotation sur d'autres places
- Structure de la courbe des cours
- Moyennes mobiles des cours
- Atteinte ou passage de supports ou résistances graphiques
- Changement d'indicateur technique
- Volatilité
- Retournement graphique
- Figures graphiques identifiables

…et tout élément touchant à la vision et à la représentation que se font les investisseurs de l'action de la société

N.B. :

L'analyse graphique suppose que toute la psychologie est dans les cours.

L'analyse financière

Le compte de résultat et les SIG (soldes intermédiaires de gestion)

C'est la base comptable pure selon laquelle chaque société communique ses comptes pour le calcul de l'impôt. Comme pour un ménage qui calcule un budget fait de recettes et dépenses, il comptabilise les produits et charges de toutes natures pour déterminer le résultat annuel de l'activité.

Le compte de résultat se présente sous cette forme normalisée :

Chiffres d'affaires (CA)	**Niveau d'activité**
Résultat d'exploitation	
Résultat financier	
Résultat courant avant impôt (RCAI)	
Résultat exceptionnel	
Impôt sur les sociétés (IS)	
(participation)	
Résultat net (RN)	**Niveau de rentabilité**

L'analyse d'un compte de résultat doit se faire en Tendance sur 3 à 5 ans.

L'analyse financière s'attache à rendre cette information exploitable pour les décisions internes et externes à l'entreprise dont l'acte d'investissement. Les SIG s'emboîtent les uns dans les autres (sauf l'exceptionnel) et permettent une analyse plus fine de la formation du résultat final :

Marge commerciale	=	différence entre les ventes et les achats et variation des stocks
Valeur Ajoutée (VA)	=	production+ marge commerciale – achat de la production
Excédent Brut d'exploitation (EBE)	=	VA + subventions – impôts et taxes – charges de personnel. Permet de juger de la qualité de l'exploitation.
Résultat d'exploitation	=	EBE+/- autres produits et charges d'exploitation +/- reprises ou dotations aux amortissements et provisions
RCAI	=	résultat d'exploitation + résultat financier
Résultat exceptionnel	=	différence entre produits et charges de cette nature
Résultat net	=	RCAI + rés except. + rés financier

Si la marge commerciale et la valeur ajoutée sont les plus connues dans le langage courant, en matière financière, c'est l'EBE qui est à considérer le plus sérieusement en tant qu'indicateur du résultat généré par l'activité même de la société.

Le bilan

Le bilan donne la situation patrimoniale de la société à un moment donné. C'est une « photo » à une date donnée alors que le compte de résultat est un résultat historique limité entre 2 dates.

Bilan comptable par grandes masses

ACTIF (emplois)

Haut de bilan

Emplois à LT (haut de bilan)
Fonds de commerce
Machines/bâtiments
Véhicules/terrains
Participations, filiales
Recherche & développement

FR (Fonds de Roulement)

Bas de bilan

Emplois à CT (bas de bilan)
Stocks (matières premières, encours de production, marchandises)
Clients (factures non réglées)

BFR (Besoin en Fonds de Roulement)

TRÉSORERIE +

TRÉSORERIE

Total bilan : total bilan **actif**

Il permet de déterminer les grands équilibres entre les ressources à LT et CT dévolues à l'activité et donc les excédents ou les besoins de financement.

PASSIF (ressources)	
Ressources à LT **FONDS PROPRES** = Capital + réserves + report **Capital** (nombre d'actions ¥ nominal / capital de départ + augmentations de capital) **Réserves** (résultats nets non distribués et non intégrés au capital) **Report** du RN de N-1 Dettes (obligations ou bancaires)	Structure et solidité de la société
PASSIF LT – ACTIF LT	
Ressources à CT Fournisseurs (factures à régler) Dettes fiscales	Structure du cycle d'exploitation de la société
PASSIF CT– ACTIF CT	
TRÉSORERIE –	
= FR – BFR	
= total bilan **passif**	

Les ratios

• Financiers

Questions à se poser	Comment les trouver	Comment les lire
Quel est l'endettement d'une société ?	le « gearing » ou ratio dettes/fonds propres	Satisfaisant si inférieur à 1
Quelle est la capacité de remboursement ?	le ratio endettement/CAF	Satisfaisant si inférieur à 4 ans
Quel est son niveau d'indépendance ?	les fonds propres/ total bilan	Satisfaisant à partir de 20/25 % et >

• Boursiers

Questions à se poser	Comment les trouver	Comment les lire
Quelle rentabilité pour X € investis ?	Le « ROE » = rés. Net/fond propres	Satisfaisant à partir de 7 à 12,15, 20 %…
Quelle est la rentabilité pour X € d'activité ?	ratio Rés Net/CA	Varie suivant secteurs de 0 à 10 %
Quelle est la décote et surcote de l'action	ratio cours/Actif net par action	Intéressant si c'est l'actif net « réévalué » moins si c'est l'actif net « comptable » qui est comparé. À comparer au secteur

L'info pro du mini-guide :

Le Résultat net + les amortissements = la CAF (capacité d'autofinancement) ou cash-flow. Variante, la MBA (Marge brute d'auto-financement) intègre les provisions.

La CAF et/ou la MBA représente le CASH réellement dégagé sur un exercice. C'est l'argent qu'elle va soit mettre en réserve et/ou distribué sous forme de dividendes.

Le Cash-flow libre est ce qui reste après la distribution du dividende.

Le PER (Price earning ratio) : le roi des ratios

Il calcule le nombre d'années nécessaires de résultat net pour atteindre la capitalisation (nombre d'actions × leur cours) :

Capitalisation / résultat net ou pour une action Cours / BNPA (Bénéfice net par action)

C'est le critère essentiel pour juger la valorisation d'une action.

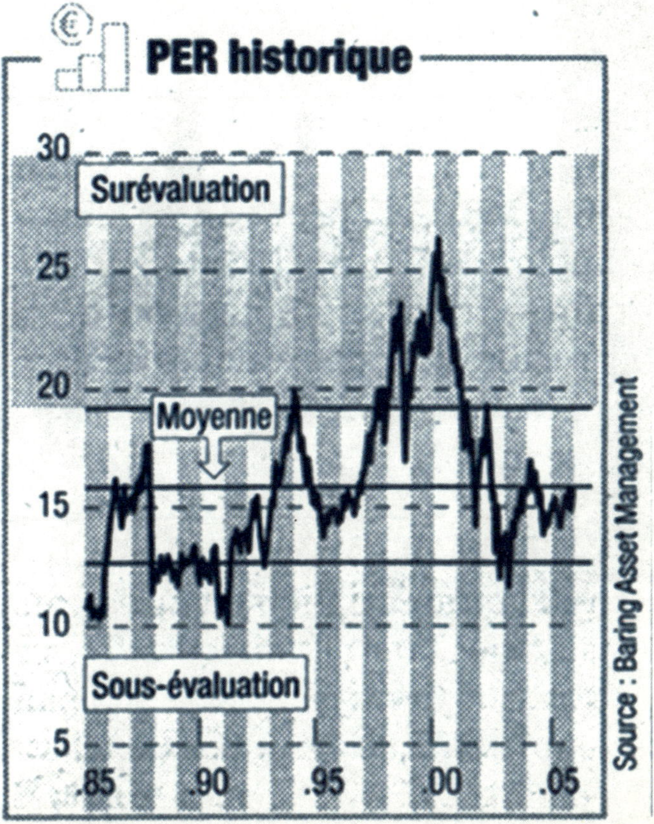

Source : Idé/Investir.

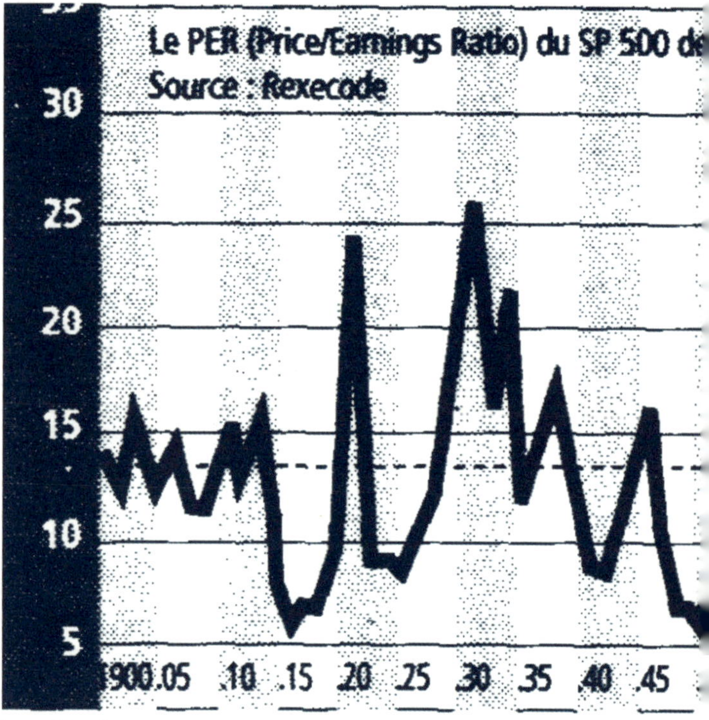

Source : Idé/Investir.

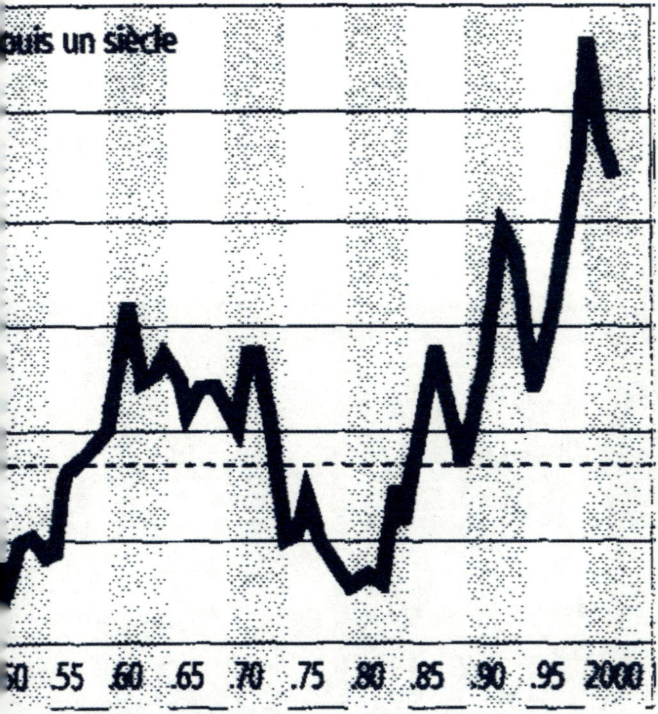

L'info pro du mini-guide :

Utilisez également le PEG (Price Earnings Growth) qui est le rapport entre le PER et le taux de croissance des bénéfices.

Si PER = 25 et taux de croissance = 20 ➞ PEG = 1,25

Si PEG < 1 : affaire « peu chère »

Si PEG > 1 : affaire « chère »

Ceci étant à analyser en tendance.

Le rendement

Il mesure le rapport entre : dividende/cours (en pourcentage).

Les dividendes maximum versés par les sociétés du CAC 40 s'élèvent à 4 % environ (BNP, Dexia, AGF, S.G.).

Le taux de distribution des sociétés est très variable mais se situe en général aux alentours de 33 % à 40 %.

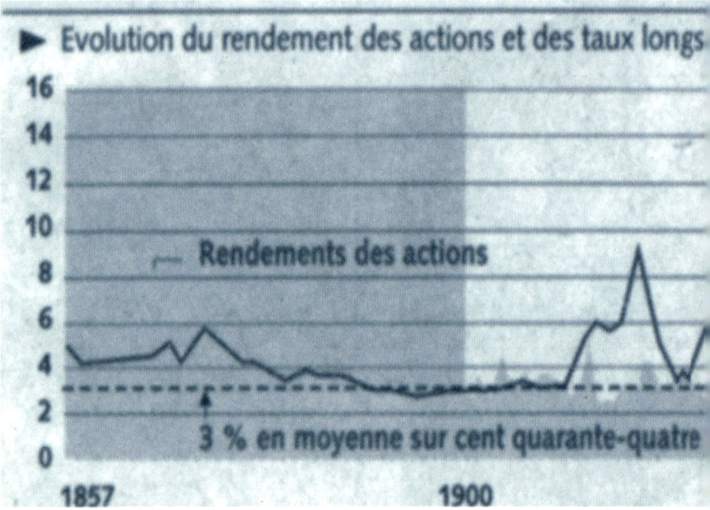

Source Journal des Finances

L'info pro du mini-guide :

La proportion du résultat net d'une société distribuée sous forme de dividendes est appelée « Pay out Ratio ».

- Si celui-ci est trop élevé ➞ on doit se poser la question de la pérennité du dividende.
- Si celui-ci est trop faible ➞ on doit se poser des questions sur la rentabilité de l'affaire ou de sa politique actionnariale.

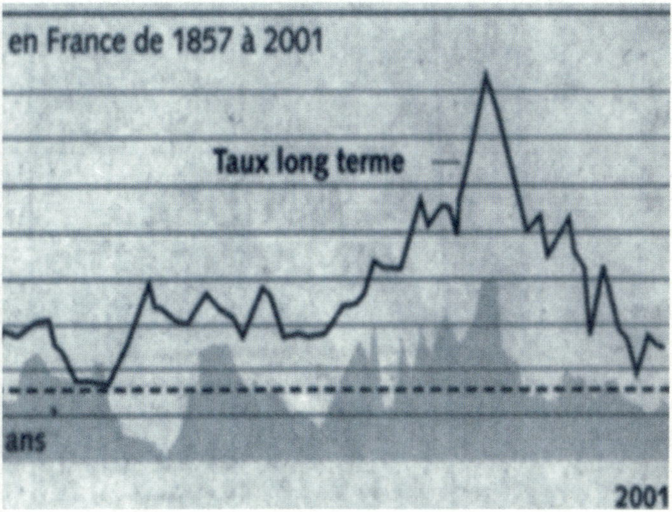

Analyse de courbes

Les bases

Les cours sont représentés par des courbes ou des «**bougies japonaises**» ou «**chandeliers**» qui permettent de déterminer l'amplitude totale d'une séance de Bourse. (graphique de gauche)

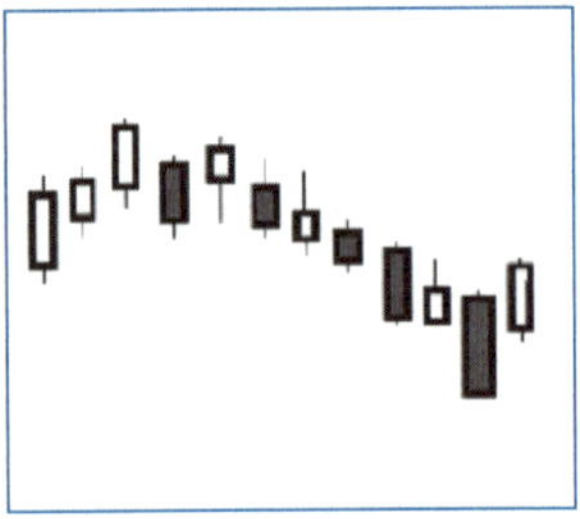

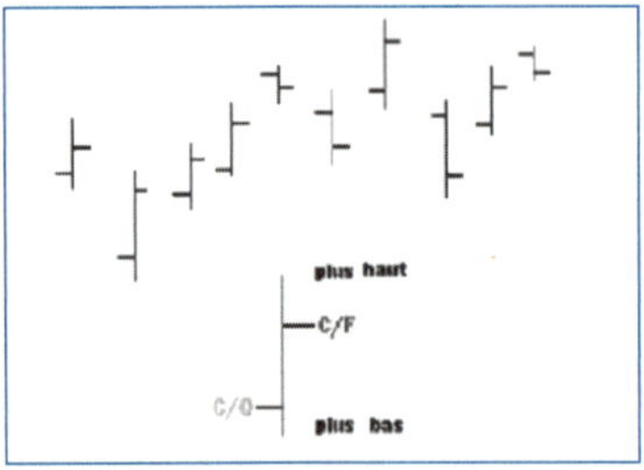

Chandeliers foncés : cours de fermeture < cours d'ouverture.
Chandeliers clairs : c'est l'inverse.

La « mèche » ou « ombre » de part et d'autre du « corps » du chandelier représente les extrêmes.

Les chandeliers japonais sont apparus sur les marchés du riz au Japon dès le XVIIIe siècle.

L'autre représentation (graphique droit) se fait sous forme de dessins appelés «**bar-charts**» qui indiquent les points hauts et bas, les cours d'ouverture (C/O) et de clôture (C/F).

Les moyennes mobiles (**MM**) se calculent sur 20, 50, 100 jours et donnent la tendance ainsi que la position du cours par rapport à celle-ci.

Les volumes : plus une tendance est supportée par des volumes élevés, plus elle est forte.

Les droites de **support** et de **résistance** permettent de définir des seuils potentiels de rebond, de retournement ou d'accélération des cours. Plus elles passent par un grand nombre de points plus elle sont importantes.

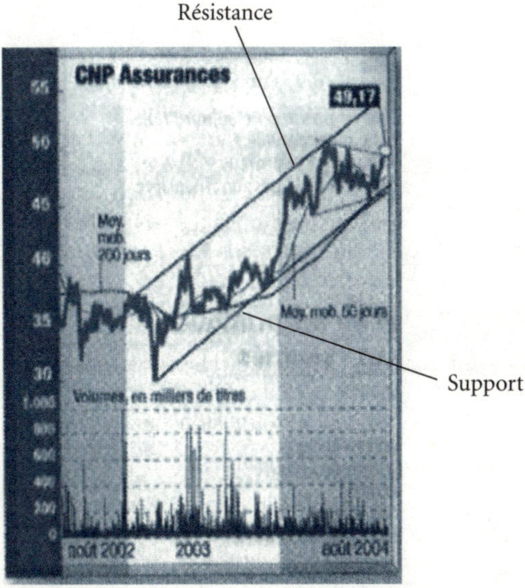

Source : la Vie Financière.

À l'intérieur de la tendance long terme se forment des tendances CT de consolidation ou de rebond pour lesquelles on peut également rendre apparentes les lignes de support ou de résistance. L'utilisation de cet outil simple permet de placer suivant les anticipations de rebond ou de cassure des ordres pour entrer et sortir de la valeur.

Notions & théories

Les vagues d'ELLIOTT énoncent le postulat d'un cycle des actifs et des cours des actions suivant 8 phases types.

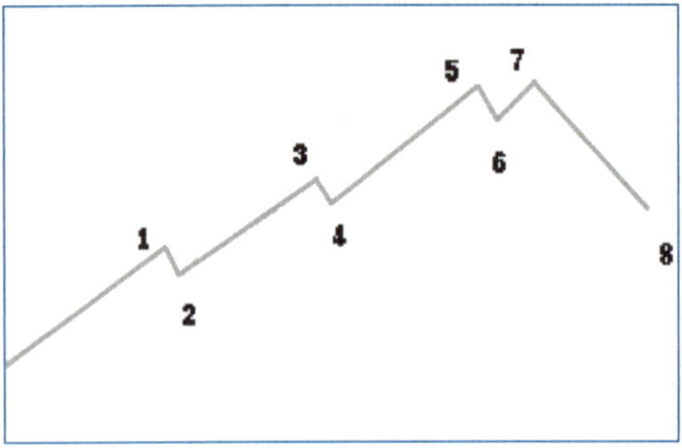

Le «GAP» représente les zones de faiblesse ou d'accélération de la courbe, là où aucune transaction n'a été enregistrée. Les GAP sont très majoritairement refermés ultérieurement.

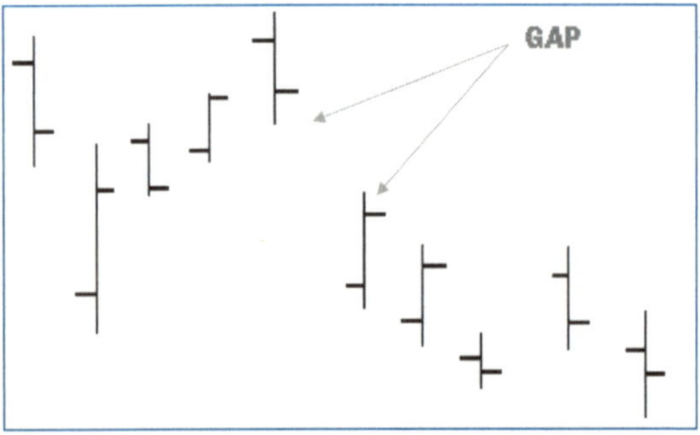

Comportement psychologique « reflexe » à proscrire

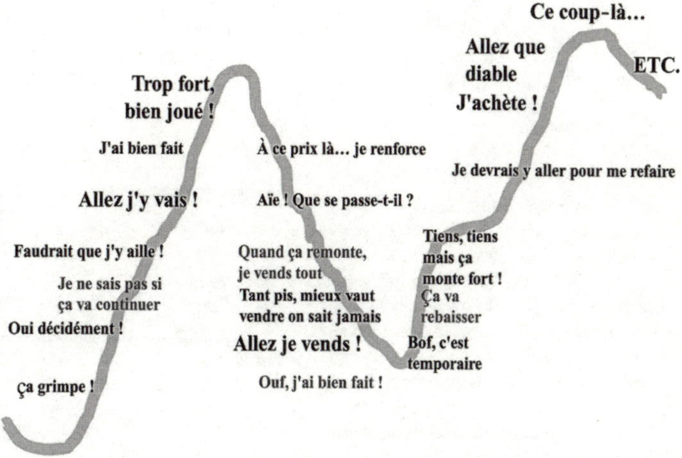

L'analyse des flux des Français en matière de placement montre clairement et régulièrement que les ménages dirigent leur épargne vers la bourse après plusieurs années de hausse.

Les soldes en matière de consommation courante sont comprises… mais pas en Bourse… à méditer.

Figures

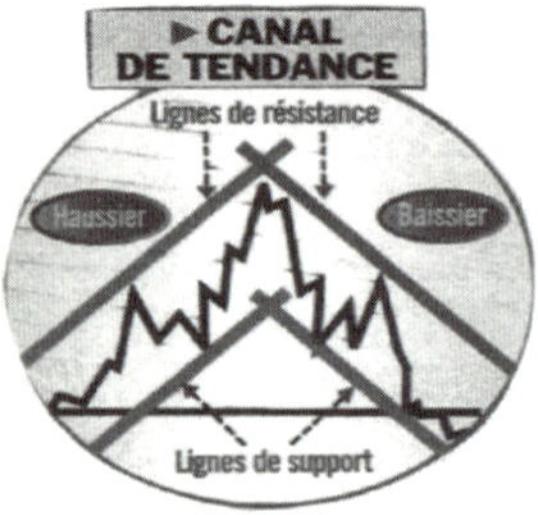

Les canaux ascendants réguliers sont des signes de hausse, ils sont incitatifs à l'achat et inversement pour un canal descendant.

La sortie d'un canal est très souvent signe de retournement de tendance comme nous l'avons vu plus haut.

Cette figure est en général annonciatrice d'un retournement. Le test fatidique est le rebond ou la cassure sur la ligne de cou après la seconde « épaule ». En cas de cassure, un signal de vente est émis. Par ailleurs, suivant un mouvement de balancier souvent constaté, la baisse sera souvent équivalente à la hausse qui avait précédé la figure. Il existe également la «tête-épaules » inversée qui en cas de rupture de la ligne de résistance donnera un signal d'achat.

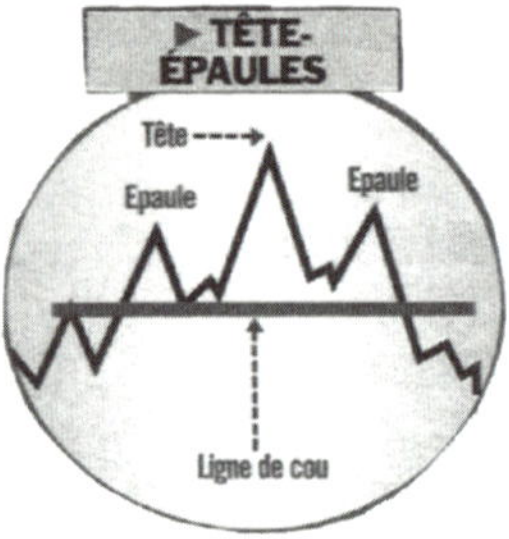

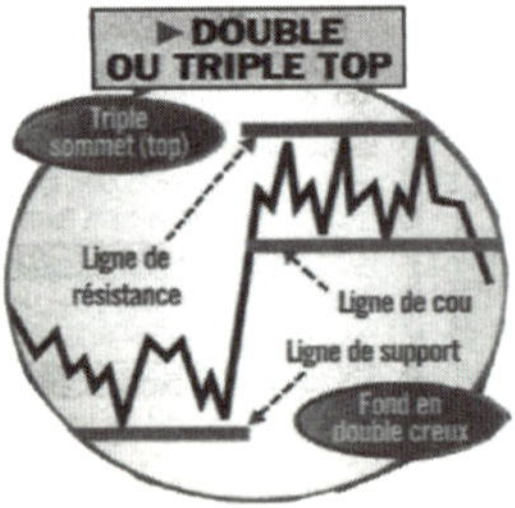

Un triple sommet (ou triple TOP) dans cette configuration est de mauvais augure. Le potentiel induit de baisse est fort si la ligne de cou ou de résistance est franchie. Et inversement à la hausse (« triple bottom »).

Source : la Vie Financière.

Exemple

Un premier test des 65 suivi d'un « W » très marqué formait un seuil ou un support d'excellente qualité pour le titre de la société Générale courant 2004. Il constituait ainsi un niveau d'achat alors que la zone des 70/71 représentait a priori une faiblesse correspondant à une droite oblique descendante dite « résistance ». Sur ce niveau un repli s'amorçait dans une configuration dite « en triangle » descendant, figure dont les sorties marquent des accélérations très souvent vives dans les 2 sens. La suite des événements montra une accélération à la hausse après ce petit repli et le cours alla rejoindre les plus hauts de fin avril : le cours prit appui sur sa moyenne mobile à 200 jours et termina cette figure en « double bottom » caractéristique.

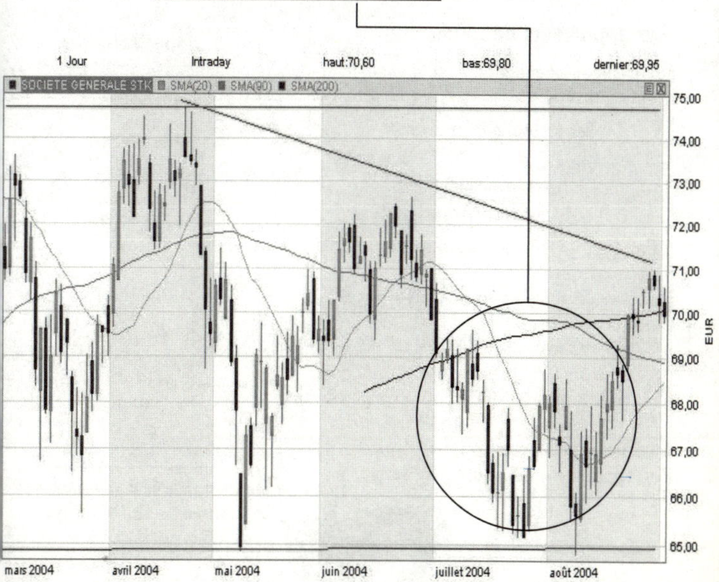

La Bourse en pratique

Fonctionnement
Indices
Les types d'ordres
Je passe un ordre
Comment se forme un cours ?
Fiscalité
Proverbes boursiers

Fonctionnement et organisation de la Bourse

Les apporteurs de fonds

Particuliers/ ménages
Toutes Entreprises

Par les Achats en direct

Ou à travers
les Institutionnels
que sont les :

• Banques (vos sicav, Assurance-vie, divers placements etc)
• Caisses de retraites et de prévoyance : (vos cotisations)
• L'État (vos impôts, le budget)
• Assurances (vos primes, vos placements)
• Gestionnaires de fonds pour compte de tiers

Institutionnels pour compte propre
Entreprises pour compte propre

De tous pays

lieu d'échange

recherche de placements,
de revenus
de plus-values
entrée des fonds

dividendes
+/– values
retour des fonds investis

ou simple échange des titres (actions, obligations) déjà cotés entre tous types de vendeur ou d'acheteur repris sur cette page

Circuit à l'émission des actions et obligations

↓

Réception des fonds

↓

Utilisation des fonds

↓

Rémunération

Les apporteurs de projets d'investissements
Sociétés, entreprises cotées Au travers des actions : Vous devenez propriétaire Au travers des obligations : Vous prêtez votre argent, Vous êtes un créancier ÉTAT/ organismes divers : financement des déficits par Les obligations d'État

Dividendes
+/– values

Ce sont ces échanges qui forment tous les cours et tous les indices de la planète quels que soient vos origines, âges, patrimoine, motivations à vendre ou à acheter, qualités, statuts, connaissances boursières ou votre envie de confier votre argent ou d'investir en direct

Indices

Parisiens

- SBF 250
  - CAC 40 : les + grosses capitalisations
  - NEXT CAC 20 : les 20 suivantes
  - Mid & Small caps 190
    - Mid caps 100 : capitalisations entre 300 millions et 3 milliards d'Euro
    - Small caps 90 : capitalisations inférieures à 300 millions

- Indice « allshares » : 400 à 500 valeurs
- SBF 120 : CAC 40 + SBF 80
- IT CAC 20 : Indice des 20 plus grosses valeurs technologiques hors CAC 40

Européens

DAX 30 : Francfort

IBEX 35 : Madrid

SMI : Zurich

FTSE 100 : Londres

AEX : Amsterdam

MIB 30 : Milan

BEL 20 : Bruxelles

DJ EURO STOXX 50 : 50 plus grosses valeurs européennes

Américains

Dow Jones : New York NYSE

Nasdaq composite : New York Nasdaq

SXP 500 : 500 plus grosses valeurs US

TSX : Canada/Toronto

Mondiaux (autres)

Nikkei 225 : Japon

KOSPI : Corée du Sud

Hang Seng : Hong Kong

Les types d'ordres

Type d'ordre	Fonctionnement / principe
Au marché	Ordre prioritaire. Ne comporte pas d'indication de cours ou de prix. Il vient répondre à la meilleure limite, puis la seconde etc jusqu'à obtention du nombre de titres requis
À la meilleure Limite	Sans indication de prix, il a la meilleure limite lors de son entrée sur le marché. En cas d'exécution partielle, il se transforme en cours limite au dernier cours connu
À cours limite	Indication d'un cours maximal à l'achat et minimal à la vente
OSD : ordre à Seuil de déclenchement	Indication d'un seuil en dessus ou au-dessous duquel l'achat ou la vente doit se faire. En cas d'atteinte du seuil, il se transforme en ordre au marché
OPD : ordre à plage de déclenchement	Même principe que ci-dessus sauf qu'il offre 2 limites dites « plage », la 1re concerne le seuil de déclenchement, la 2nd comme limite comme dans l'ordre à cours limite, type d'ordre dans lequel l'OPD se convertit dès l'atteinte du seuil

Objectif	Remarques
Obtenir une exécution rapide et totale de son ordre	Risque de décalages des cours sur des valeurs peu liquides et donc de fractionnement important. Non maîtrise du cours
Permet d'obtenir le meilleur prix au moment de l'entrée sans peser sur les cours et de s'y limiter	Risque d'exécution partielle. Non-maîtrise du cours
Maîtrise du cours	Ordre le plus courant
Permet de se prémunir contre un renversement de tendance ou de profiter d'une tendance haussière	Idem « au marché ». principe intéressant pour des valeurs liquides
Finesse dans la maîtrise du prix selon l'évolution du marché	Permet d'allier un « stop » et une limite

Je passe un ordre de Bourse

Type de compte	compte titres ou PEA
Marché	comptant ou SRD (à crédit)
Valeur	code ISIN (identification certaine)
À défaut spécifier	• Nom, libellé • mnémonique • nature ou type
Sens	Achat ou vente ?
Quantité	
Validité	jour Fin de mois À révocation : une date dans les 365 j
Type d'ordre	comme vu dans les 2 pages précédentes
Prix ou cours	limite Limite 2 (pour les OPD)

Exemple d'ordre sur la Société Générale

Compte : PEA

COMPTANT (CP)

ISIN : FR 0000 130809

Libellé : Société Générale

Mnémonique : GLE

Action

ACHAT

10

Jour (le jour même donc si l'ordre est passé en séance, après la clôture c'est le lendemain)

Limite

70,30

Comment se forme un cours ?

Un cours résulte de la confrontation des ordres Achat/vente et selon un principe répondant à l'équilibre entre Offre/demande.

En fonction :

- du prix (cours) : le mieux disant prime le moins disant
- de l'horaire d'arrivée sur le marché, pour un même cours, c'est la chronologie qui prime

Le princi[…] de base

2 10h 23' 50"

Je passe l'ordre repris page précédente : achat 10 à 70,30

1 30.11.2005 10 h 23' 42" :

Carnet d'ordres de la Soc. Générale :

achat		vente	
qté	cours	cours	qté
10205	70,25	**70,30**	**520**
280	70,20	70,35	8900
1580	70,15	70,40	1240
5200	70,10	70,45	4560
3584	70,05	70,50	15200

Hypothèse : il n'existe que notre transaction durant le laps de temps.

Le carnet d'ordre reprend les 5 meilleures offres et les 5 meilleures demandes

Il y a transaction et l'ordre est « exécuté » seulement en cas de contrepartie (une vente en face d'un achat ou vice versa)

quiconque peut proposer un cours à l'achat ou à la vente quelles que soient les motivations ou analyses et quel que soit son statut ou sa qualité

3

4

10 h 23' 59" : l'ordre est exécuté puisqu' il existe une contrepartie :

520 actions sont offertes à 70,30.

Il n'en reste donc plus que 510.

5

Carnet d'ordres à 10h 24'

achat		vente	
qté	cours	cours	qté
10205	70,25	**70,30**	**510**
280	70,20	70,35	8900
1580	70,15	70,40	1240
5200	70,10	70,45	4560
3584	70,05	70,50	15200

5

Vous recevrez chez vous le relevé de transaction dit « avis d'opéré »qui reprendra les références de l'ordre

6

Vous êtes débités de 10 × 70,30 + les frais de votre banque sur votre compte courant et êtes créditez de 10 actions sur votre compte-titres

Fiscalité

Type	+ values	revenus
Actions France	Si cession > 15 000 €/an taux de 16 % + CSG 11 %	IR : impôt sur le revenu après abattement de 40 % puis de 1 525 € Ou 3 050 € pour un couple + crédit d'impôt de 50 % limité à 115 ou 230 € pour un couple. + CSG : 11 %
Obligations France	idem	IR ou prélèvement libératoire forfaitaire de 27 %
Obligations Et actions étrangères	idem	IR
OPCVM : SICAV & FCP	selon nature de l'actif géré : actions, oblig.	27 % si total cession > 15 000 €/an

- Revenus : actions = dividendes
  obligations = coupons ou intérêts
- Le principe de la restitution de l'avoir fiscal a disparu au 1.1.2005

Le PEA

Maximum de versements	132 000 ou 264 000 pour un couple
Durée	8 ans
Revenus & plus-values sont taxés de la sorte :	
Si retrait avant 2 ans(*)	taux de 33,5 %
Si retrait entre 2 et 5 ans(*)	taux de 27 %
Si retrait entre 5 et 8 ans	CSG à 11 % tout retrait clôt le plan
Après 8 ans	CSG à 11 % retrait possible sans clôture mais aucun versement n'est plus admis. possibilité de sortir en rente défiscalisée

(*et si le seuil des cessions totales est supérieur à 15 000 pour l'année)

→ Sont éligibles dans le plan outre les espèces ou la trésorerie en euros

- Les actions des 25 pays de l'Union européenne (sauf Norvège et Suisse donc)
- Les Sicav & Fcp français ou de droit étranger détenant plus de 75 % d'actions européennes comme ci-dessus

Proverbes boursiers

- Les arbres ne montent pas jusqu'au ciel, la Bourse est faite du même bois.
- Acheter au son du canon, vendre au son du violon.
- Acheter la rumeur, vendre la nouvelle.
- Nul ne s'est ruiné à vendre trop tôt (E. Rothschild).
- Ne pas mettre tous ses œufs dans le même panier.
- Préférez les filles (les filiales) aux mères.
- Quand les pétroliers montent la baisse est proche.
- La Bourse aime le blanc ou le noir, pas le gris.
- Quand Wall Street éternue, Paris s'enrhume.
- Un chèque dans la main vaut mieux qu'une cote sous les yeux.
- Un placement à LT est un placement à CT qui a « mal tourné ».
- On est volé à la Bourse comme on est tué à la guerre : par des gens qu'on ne voit pas.
- Mieux vaut une fiancée dans son canapé que cinq dans le répertoire téléphonique.

Données clés du CAC 40

fin janvier 2006					06e	06e	05e
	capitalisation	anc/act	endt%	VE/CA	bnpa	PER	rdt%
ACCOR	10 449	18,51	51 %	1,66	2,18	23,2	2,7
AGF	16 047	49	ns	ns	7,39	11,4	3,9
Air liquide	17 764	49,33	66	2,11	9,3	17,4	2,4
Alcatel	15 110	4,42	–7	1,13	0,66	16,1	0,9
Arcelor	13 429	24	9	0,45	5	4,2	3,3
Axa	48 942	20,5	ns	ns	2,08	12,6	3,1
BNP paribas	57 923	44	ns	ns	7,4	9,3	4,1

Bouygues	14 575	15	45	0,70	2,85	15,2	1,8
Cap gemini	4 755	23	–16	0,61	1,29	27,9	0
Carrefour	26 906	11	78	0,44	2,93	13	2,6
Crédit agricole	41 161	19	ns	ns	2,84	9,7	3,3
Danone	22 817	16	113	2,16	4,4	19,6	1,9
Dexia	21 828	11	ns	ns	1,93	10,2	2,8
Eads	25 407	21	-28	0,62	1,95	16	1,9
EDF	66 783	9,05	114	1,76	1,7	21	2
Essilor	7 319	15	– 5	3	3,14	22,6	1,1
France telecom	48 585	14	220	2	1,95	9,6	5,4
GDF	24 941	14	18	1,37	1,72	14,8	2,4
L'oréal	43 182	19,6	20	2,73	2,67	24,6	1,4
Lafarge	13 871	49	59	1,36	5,98	13,2	3,2
Lagardère	9 055	27	25	0,78	5	13	1,6
Lvmh	36 623	17	64	3,07	3,67	20,4	1,4
Michelin	6 911	27	112	0,75	5,64	8,5	2,6
Pernod ricard	14 285	53	172	3,95	9,27	16,5	1,5
Peugeot	11 095	56,6	– 4	0,19	5,17	9,1	2,9
PPR	11 449	67	57	0,92	6,43	14,8	2,7
Publicis	6 024	7,20	39	1,63	2,35	13	1
Renault	21 570	69	4	0,54	9,84	7,7	2,4
Saint gobain	17 384	34	47	0,68	4,14	12,2	2,5
Sanofi	106 668	31,5	29	4,37	5,29	14,4	1,8
Schneider	17 734	34	6	1,61	5,06	15,5	2,7
Société générale	44 783	48	ns	ns	9,35	11	4,3
St microelectronics	13 888	7,7	1	1,97	0,69	22	0,7
Suez	36 471	9,6	79	1,18	1,86	15,4	3,1
Thales	6 729	17	29	0,72	2,7	14,5	2,2
Thomson	4 791	8	58	0,94	1,08	16,2	1,7
Total	135 067	60	17	1,11	20,1	10,9	3,2
Veolia environnement	16 287	9	240	1,2	1,89	21,1	1,9
Vinci	14 329	18	63	0,81	5,3	14,3	2,4
Vivendi universal	29 223	14	– 4,23	1,75	1,98	12,8	3,6

Principales courbes historiques des valeurs les plus importantes et les plus échangées (réalisées sur Active Trader, Cortal consors) :

Total, la plus grosse capitalisation de la place de Paris

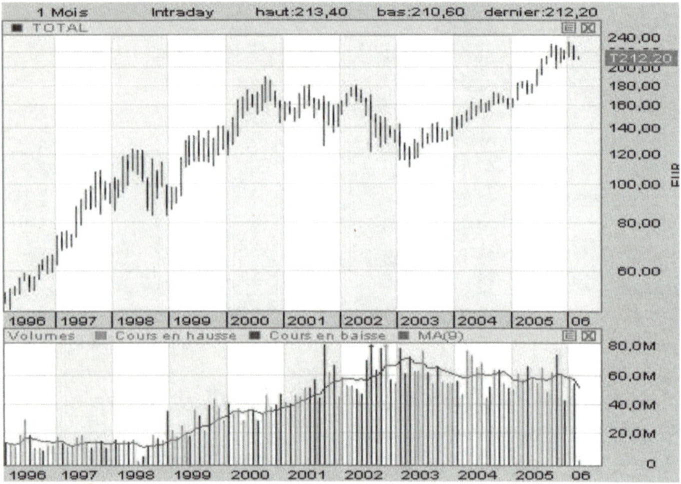

EDF et GDF : 2 introductions récentes de poids :

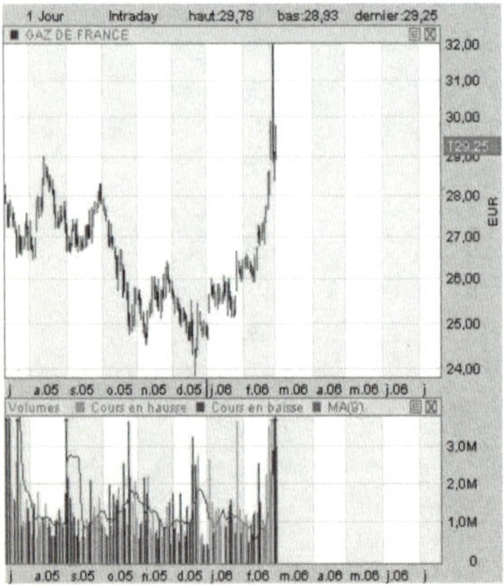

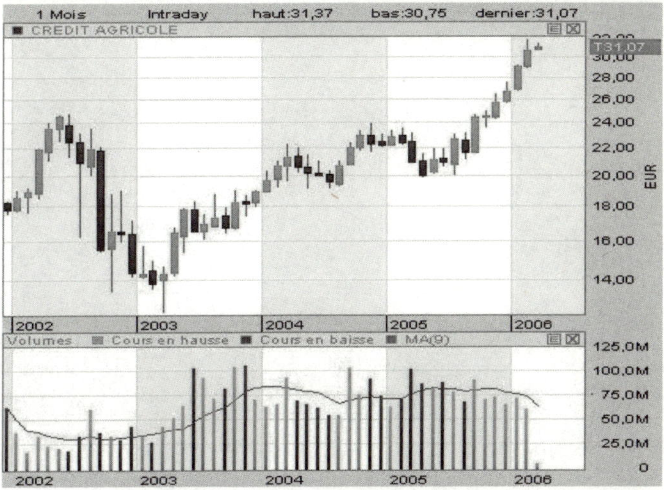
1 Mois
Intraday
haut:31,37
bas:30,75
dernier:31,07
CREDIT AGRICOLE
T31,07
28,00
26,00
24,00
22,00
20,00
18,00
16,00
14,00
EUR
2002
2003
2004
2005
2006
Volumes
Cours en hausse
Cours en baisse
MA(9)
125,0M
100,0M
75,0M
50,0M
25,0M
0

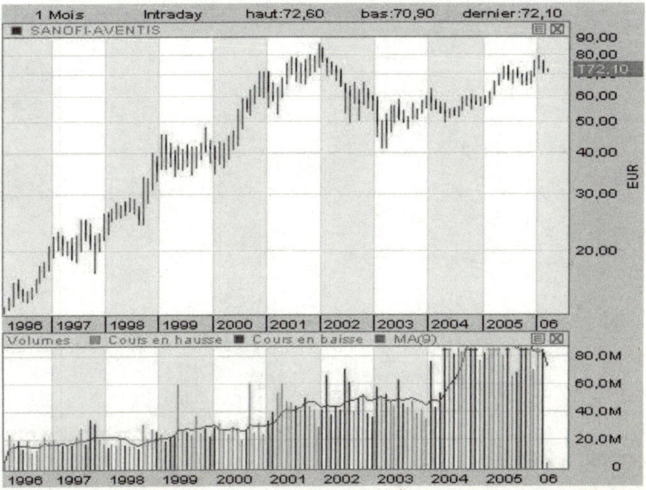
1 Mois
Intraday
haut:72,60
bas:70,90
dernier:72,10
SANOFI-AVENTIS
90,00
80,00
T72,10
60,00
50,00
40,00
30,00
20,00
EUR
1996
1997
1998
1999
2000
2001
2002
2003
2004
2005
06
Volumes
Cours en hausse
Cours en baisse
MA(9)
80,0M
60,0M
40,0M
20,0M
0

1 Mois Intraday haut:78,05 bas:77,40 dernier:77,65
BNP PARIBAS
T77,65
70,00
60,00
50,00
40,00
30,00
20,00
EUR
1996 1997 1998 1999 2000 2001 2002 2003 2004 2005 06
Volumes Cours en hausse Cours en baisse MA(9)
100,0M
75,0M
50,0M
25,0M
0

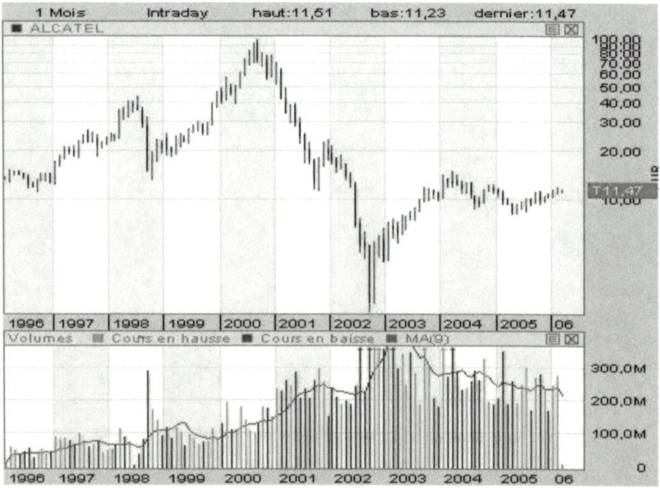
1 Mois Intraday haut:11,51 bas:11,23 dernier:11,47
ALCATEL
100,00
90,00
80,00
70,00
60,00
50,00
40,00
30,00
20,00
T11,47
1996 1997 1998 1999 2000 2001 2002 2003 2004 2005 06
Volumes Cours en hausse Cours en baisse MA(9)
300,0M
200,0M
100,0M
0

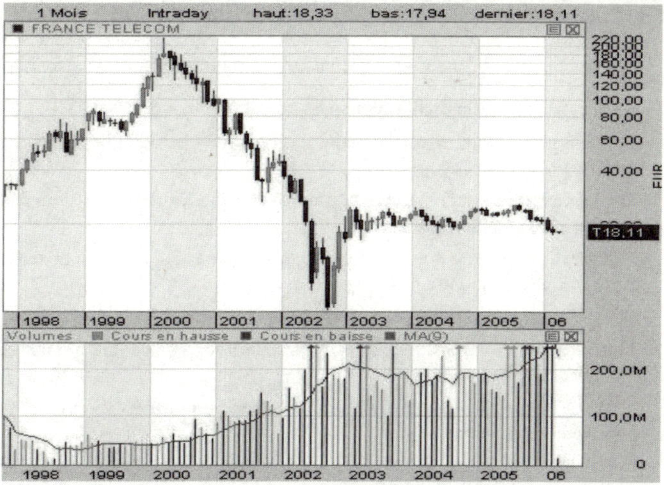
1 Mois Intraday haut:18,33 bas:17,94 dernier:18,11
FRANCE TELECOM
220,00
200,00
180,00
160,00
140,00
120,00
100,00
80,00
60,00
40,00
EUR
T18,11
1998 1999 2000 2001 2002 2003 2004 2005 06
Volumes Cours en hausse Cours en baisse MA(9)
200,0M
100,0M
0
1998 1999 2000 2001 2002 2003 2004 2005 06

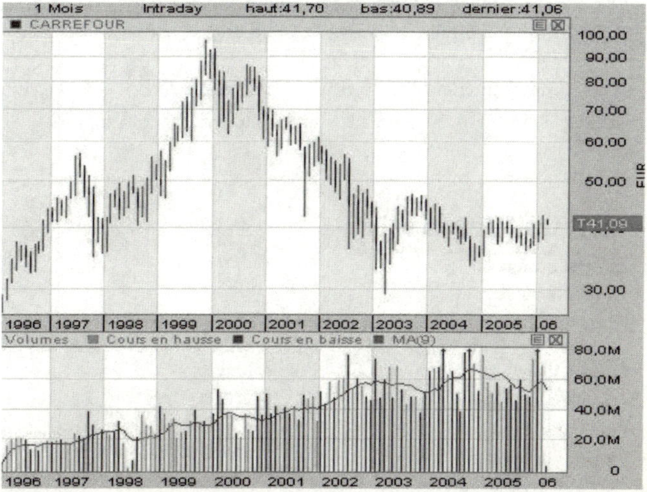
1 Mois Intraday haut:41,70 bas:40,89 dernier:41,06
CARREFOUR
100,00
90,00
80,00
70,00
60,00
50,00
EUR
T41,06
30,00
1996 1997 1998 1999 2000 2001 2002 2003 2004 2005 06
Volumes Cours en hausse Cours en baisse MA(9)
80,0M
60,0M
40,0M
20,0M
0
1996 1997 1998 1999 2000 2001 2002 2003 2004 2005 06

Glossaire

(Tapez www.actufinance.com – lexique financier – pour accéder à 700 définitions)

- **AMF** : autorité des marchés financiers (anciennement COB & CMF)
- Capitalisation : nombre total d'actions × le cours = la valeur boursière à un instant t.
- **Droits de garde** : frais prélevés par les intermédiaires (banques, courtiers) pour la tenue des comptes-titres.
- **Euronext** : nom de la société gérant la Bourse de Paris, celles de Bruxelles, Amsterdam et Lisbonne.
- **FCP** : Fonds commun de placement. Cf opcvm
- **Flottant** : nombre d'actions cotées en Bourse, pourcentage du capital et des actions échangées en Bourse.
- **OPA** : Offre publique d'achat. Rachat des titres d'une autre société cotée par paiement en espèces.
- **OPCVM** : organismes de placement collectif en valeurs mobilières, regroupe les SICAV et les FCP qui gèrent en commun et par un professionnel les fonds confiés par des tiers (particuliers, entreprises.)
- **OPE** : Offre publique d'échange. Rachat d'une société cotée par paiement en actions.
- **PIB** : produit intérieur brut = richesse nationale créée.
- **Sicav** : Société d'investissement à capital variable. Cf opcvm

Adresses Internet utiles

Informations :

- amf-France.org (AMF)
- euronext.fr
- www.boursorama.com
- investir.fr
- cerclefinance.com
- nextnews.fr
- journaldesfinances.com
- laviefinancière.com
- mieuxvivre.fr
- msn.fr rub.finances

courtiers :

- cortalconsors.fr
- boursorama invest.com
- fortuneo.com
- brokers-on-line.org

Éditions ESKA
12, rue du Quatre-Septembre, 75002 Paris, France
http://www.eska.fr

ISBN 2-7472-0935-0

Réalisation : Compo-Méca sarl
64990 Mouguerre

Achevé d'imprimer sur les presses de l'Imprimerie Barnéoud
B.P. 44 - 53960 BONCHAMP-LÈS-LAVAL
Dépôt légal : janvier 2007 - N° d'imprimeur : 612076
Imprimé en France